Dr. Dunja Petersen

DAS Kinderwunsch KOCHBUCH

INHALT

4 VORWORT

7 EINFÜHRUNG

16 DIE ERNÄHRUNG AUF EINFACHE ART VERBESSERN

22 DER WEIBLICHE ZYKLUS

30 ZYKLUSPHASEN UND ERNÄHRUNG

39 DAS 4-WOCHEN-ERNÄHRUNGSPROGRAMM

41 REZEPTE FÜR ZYKLUSPHASE 1 (MENSTRUATION)
43 Bircher-Müsli mit Leinsamen und Obst
44 Vollkorn-Pancakes, süß oder herzhaft
47 Quarkbowl mit Nüssen und Leinöl
48 Bunter Hähnchensalat mit Avocado und Honig-Senf-Vinaigrette
51 Matjes Hausfrauenart mit Pellkartoffelsalat
52 Paprika-Zwiebel-Pfanne
55 Gefüllte Tomaten aus dem Ofen
57 Grünkohl-Bowl mit Apfel und Feta
58 Erbsenpüree mit Lachsfilet
60 Rote-Linsen-Dal mit Kokosmilch und Kräutern

63 REZEPTE FÜR ZYKLUSPHASE 2 (FOLLIKELPHASE)
64 Saftiges Bananenbrot mit Nüssen, Samen und Blaubeeren
67 Kürbissuppe mit Ingwer, Kokosmilch und Fischeinlage
68 Spanisches Omelett mit Paprika und Käsekruste
70 Französische Zwiebelsuppe mit Käse überbacken
73 Karotten-Nuss-Bratlinge mit grünem Salat und Zitronen-Feta-Dip
75 Süßkartoffeln aus dem Ofen mit Avocado-Paprika-Creme
79 Gemüse-Kichererbsen-Curry
80 Eier in Senfsoße
83 Risotto mit Pilzen und Parmesan
85 Fisch mit Sauerampfer, Petersilie, Erbsen und Möhren

89 Rindersteak mit Gemüsebeilage
91 Knuspriger Sesam-Tofu mit Tahini-Erdnuss-Soße

95 REZEPTE FÜR ZYKLUSPHASE 3 (OVULATION)
97 Haselnuss-Porridge mit Blaubeeren
99 Eier Benedict
101 Shakshuka – gebackene Eier in Paprika-Tomaten-Sugo
104 Rote-Bete-Salat mit Schafskäse und Nüssen
107 Taco-Salat
108 Fisch-Kokos-Curry mit Papaya
111 Orientalische Quinoa-Gemüsepfanne
113 Chili con Carne
117 Lachs-Spinat-Lasagne
118 Kurkuma-Kokos-Pralinen

121 REZEPTE FÜR ZYKLUSPHASE 4 (LUTEALPHASE)
123 Kokos-Overnight-Oats mit Himbeeren
124 Healthy-Porridge mit Früchten und Nüssen
127 Brokkoli-Quiche
131 Kichererbsen-Avocado-Salat
133 Nudeln aus Gemüse mit selbst gemachtem Pesto
134 Spargelsuppe mit Fisch
137 Basilikum-Tomatensuppe mit Parmesan-Hackbällchen
140 Hühnerfrikassee mit Reis
143 Kichererbsen-Sesam-Mus (Hummus) mit Gemüsesticks
147 Lachs im Sesammantel auf Erbsenpüree
148 Möhrensuppe mit roten Linsen und Koriander
151 Fenchelgemüse mit Walnüssen
153 Rinderhackbällchen mit Aprikosenchutney
155 Mediterranes Olivenbrot mit Tomaten und Walnüssen
158 Spinatknödel mit Parmesan
161 Gebackener Rosenkohl mit Trauben, Walnüssen und Lachs
162 Zitronen-Spargel-Hähnchen mit Basilikum
164 Kakao-Avocado-Mousse

166 BESONDERE ERNÄHRUNGSKONZEPTE

170 TABELLEN ÜBER NÄHRSTOFFBEDARF UND PASSENDE LEBENSMITTEL

175 ÜBER DIE AUTORIN

VORWORT

Wer schreibt dieses Buch

Ich bin Dr. Dunja Petersen, Ärztin und Expertin für Integrative und Ganzheitliche Medizin, insbesondere Traditionelle Chinesische Medizin. Ich helfe Frauen und Paaren, ihre Gesundheit und Fruchtbarkeit zu verbessern, um leichter oder auch endlich schwanger zu werden. Täglich erlebe ich in meiner Praxis, dass es für viele Paare nicht so leicht ist, schwanger zu werden. Mittlerweile hat statistisch gesehen jedes zehnte Paar Schwierigkeiten, überhaupt auf natürliche Weise schwanger zu werden. Die Ursachen dafür sind vielfältig und bleiben trotz umfassender schulmedizinischer Untersuchungen bei über 30 % der betroffenen Paare am Ende ungeklärt. Heute wissen wir, dass der Lebensstil und die Ernährung eines Paares eine große und bedeutende Rolle für ihre Fruchtbarkeit spielen. Es zeigen sich in meiner Praxis häufig Nährstoffmängel und Störungen in der körpereigenen Regulation des Hormon- und Immunsystems. Auch die Verdauung ist häufig betroffen und vielfach Mitverursacher für diese und andere Disbalancen im Körper. Mithilfe einer vielfältigen, vitalstoff- und bakterienfreundlichen Ernährung kann sich jeder Mensch selbst Gutes tun und die eigene Fruchtbarkeit verbessern. In diesem Buch zeige ich dir, wie du deine Fruchtbarkeit und deinen natürlichen Zyklus optimal unterstützt. Mit den einfachen Prinzipien einer zyklusgerechten Ernährung kannst du schon morgen starten und bist im nächsten Monat bereits deinem Baby ein großes Stück entgegengegangen. Nachdem du dieses Buch gelesen hast, fällt es dir ganz leicht, diese Verbesserungen in deinen Alltag zu übernehmen, da bin ich mir ganz sicher.

Warum gibt es dieses Buch

Ich erlebe häufig, dass gerade Frauen, die sich um eine gesunde Ernährung bemühen, mit wachsendem Wissen immer verwirrter werden. Du denkst vielleicht über eine vegetarische oder vegane Ernährung, über Paleo, Intervallfasten, ketogene, glutenfreie oder eine andere Art der Ernährung nach oder möchtest vielleicht gern gleichzeitig etwas abnehmen ... Und so kommt es beispielsweise oft dazu, dass eine natürlich-gesunde Durchmischung der Ernährung fehlt, Fette oder Kohlenhydrate vermieden werden, die im Zyklus sehr wichtig sind, und befürchtete Vitalstoffmängel durch verschiedene Nahrungsergänzungsmittel aufgefüllt werden, ohne genau zu wissen, was der weibliche Körper eigentlich genau braucht. Äußere Einflüsse wie Umweltgifte, Genussgifte, Strahlenbelastungen und die Zunahme unserer Stressoren aus dem Beruf oder aus dem Privaten stören dein gesundheitliches Gleichgewicht. In unserer Zeit müssen wir alle darauf achten, die Aufnahme von Giftstoffen und hormonaktiven Substanzen durch die Nahrung so gut wie möglich zu vermeiden und gleichzeitig die Entgiftungsleistung des Körpers zu unterstützen. Dazu braucht es bestimmte Spurenelemente, Vitamine, Ballaststoffe und sekundäre Pflanzenstoffe sowie eine gesunde Darmflora. Auch ausreichend guter Schlaf, eine gesunde Fitness und Ruhe sind für eine möglichst gute Gesundheit und damit für deine Fruchtbarkeit wichtig. Durch eine gezieltere Ernährung verbesserst du dein hormonelles Gleichgewicht und die natürliche Funktion deines Immunsystems. Deine Vitalstoffspeicher füllst du fast im Vorbeigehen auf. Wenn du auf diese Weise deine Gesundheit verbesserst, steigt auch die Qualität deiner Eizellen und deiner Gebärmutterschleimhaut. Damit nimmt deine Fruchtbarkeit zu, ebenso wie die Fähigkeit zur Empfängnis und die Voraussetzungen für eine gesunde Schwangerschaft. Ich zeige dir, mit welchen einfachen Tipps und Tricks du deine Ernährung verbesserst und wie du dich passend zu deinen Zyklusphasen ernährst. Auf diese Weise bist du mehr im Einklang mit deinem Zyklus und unterstützt deine Gesundheit und die Chancen, schwanger zu werden.

Was findest du in diesem Buch

Damit dir der Einstieg in die Kinderwunsch- und zyklusgerechte Ernährung leichtfällt, lernst du zunächst die wichtigen Grundbausteine kennen. Anschließend zeige ich dir eine Auswahl an Lebensmitteln, die grundsätzlich sehr gesund für eine Ernährung vor und in der Schwangerschaft sind, die sogenannten Superfoods für die Fruchtbarkeit. Diese kannst du dann einfach in deinen Alltag und deine bekannten Rezepte einbauen. Zudem zeige ich dir noch einige wichtige Tipps und Tricks, die du beim Einkauf und bei der Zubereitung beachten solltest. Du erfährst, wie du die Aufnahme von Umweltgiften verminderst und die Vitalstoffmengen in deinen Speisen erhöhst.

Dann wird der Ablauf des weiblichen Zyklus genau beleuchtet. Dabei blickst du auch aus den Augen der ganzheitlichen Medizin auf deinen sogenannten Mondzyklus.

Du lernst eine einfache Form der zyklusphasengerechten Ernährung mit Körnern und Samen, das Seed-Cycling, kennen und bekommst anschließend viele tolle Rezepte für ein zyklusgerechtes 4-Wochen-Programm. Alle Rezepte aus diesem Buch können von Mann oder Frau in jeder Zyklusphase gegessen werden, denn sie sind mit den wichtigen Nährstoffen versehen, die du in der Kinderwunschzeit grundsätzlich brauchst.

Schließlich stelle ich dir Ernährungskonzepte bei bestimmten Zyklusbeschwerden vor – und im Anhang dieses Buches findest du hilfreiche Tabellen für die Auswahl geeigneter Lebensmittel und ihrer Nährstoffe.

Wie weit kann Ernährung bei Kinderwunsch hilfreich sein?

Neben der grundsätzlichen Verbesserung deiner Gesundheit kann eine gezielte Ernährung auch Beschwerden und Krankheiten lindern oder heilen. In meiner Arbeit sehe ich häufig, dass Frauen einen unregelmäßigen Zyklus haben oder Beschwerden rund um die Menstruation, unreine Haut, sexuelle Unlust, Stimmungsschwankungen, Schlafstörungen, Kopfschmerzen oder das sehr verbreitete Prämenstruelle Syndrom (PMS). Auch einige Erkrankungen, die mit Störungen des hormonellen Gleichgewichts in Verbindung stehen, wie beispielsweise starke Periodenschmerzen, die häufig bei der Endometriose auftreten, oder ein Syndrom der polyzystischen Ovarien (PCOS), das oft mit Akne, Gewichtserhöhung und teilweise sehr langen Zyklen ohne Eisprung verknüpft ist, werden häufig erst entdeckt, wenn der Zyklus genauer unter die Lupe genommen wird.

Und ja, aus all diesen Gründen kann und sollte die Ernährung von Frau zu Frau auch etwas unterschiedlich sein, denn gerade wenn sie auch bei Beschwerden, Funktionsstörungen oder Krankheiten unterstützen und ausgleichen soll, solltest du die einflussreichsten Nährstoffe und Nahrungsmittel kennen und für dich passend einsetzen. Nicht jede Frau muss zyklusphasengerecht essen, es ist eher ein On-Top zu einer sehr guten Kinderwunschernährung. Solltest du jedoch unter Beschwerden im Zyklus leiden, dann versuch es einfach mal. Natürlich ersetzen meine Ratschläge nicht das Gespräch über deine Beschwerden mit Ärztin oder Arzt und eine Untersuchung.

Was solltest du auf deinem Kinderwunschweg noch beachten

Es gibt verschiedene bekannte Ursachen für einen noch unerfüllten Kinderwunsch. Dazu gehören hormonelle Störungen bei Mann oder Frau, verschlossene Ei- oder Samenleiter, Infektionen der Geschlechtsorgane, Autoimmunerkrankungen und anderes. Natürlich kann die Ernährung nicht immer alle Probleme lösen. Daher bleibt es selbstverständlich wichtig, sich ärztlich und therapeutisch untersuchen zu lassen. Bei Männern sollte nach spätestens einem Jahr ein sogenanntes Spermiogramm angefertigt werden. Frauen sollten neben der Grunduntersuchung und Zyklusanamnese durch Ärztin oder Arzt eine sogenannte Zyklusdiagnostik machen lassen. Zunächst werden die wichtigsten Hormonwerte in bestimmten Zyklusphasen gemessen: zwischen Zyklustag 3 bis 5, zum wahrscheinlichen Tag des Eisprungs und etwa sechs Tage nach dem Eisprung, außerdem wird eine Ultraschall-Untersuchung gemacht.

Statistiken zeigen, dass zurzeit etwa zwei Millionen Paare in Deutschland ungewollt kinderlos sind. In 30 bis 40 % der Fälle liegen mögliche Ursachen bei der Frau, in anderen 30 bis 40 % beim Mann, und bei ca. 35 % bleibt die Ursache unbekannt. Kommen ein oder mehrere Lebensstilfaktoren oder ein erhöhtes Alter der Frau dazu – ab dem 35. Lebensjahr nimmt die Fruchtbarkeitskurve deutlich ab –, dann sinkt die Wahrscheinlichkeit, ein Kind auf natürliche Weise zu zeugen. Es gibt jedoch viele Tipps und Tricks, die du in jedem Alter kennen solltest, um die Wahrscheinlichkeit, schwanger zu werden, zu erhöhen. Dazu gehört beispielsweise der optimale Zeitpunkt für den Geschlechtsverkehr, der vor dem Eisprung liegen sollte. Auch deswegen ist es sehr wichtig zu wissen, wann dein Eisprung stattfindet. Der Eisprung liegt nicht bei jeder Frau immer in der Mitte des Zyklus oder kommt 14 Tage nach der Regelblutung. Der Eisprung kann sogar von Zyklus zu Zyklus zu einem anderen Zeitpunkt stattfinden oder auch ganz ausfallen. Nimm daher jetzt die Gelegenheit beim Durcharbeiten dieses Buches wahr, auch deinen Zyklus und deine Eisprungzeichen zu beobachten, und nutze zur Dokumentation deiner Beobachtungen beispielsweise eine App und die Methoden von NFT, der natürlichen Familienplanung.

EINFÜHRUNG

Die Bausteine des Lebens

Durch eine gesunde, abwechslungsreiche Ernährung, die reich an Nährstoffen, Vitaminen und Mineralien ist, unterstützt du deine Fruchtbarkeit optimal. Grundsätzlich unterscheidet man Makro- und Mikronährstoffe. Die Makronährstoffe sind die Eiweiße (Proteine) und Kohlenhydrate (Zucker) sowie Ballaststoffe und Fette. Sie bringen die Grundbausteine für den Bau von Zellen, Hormonen und die Energie in den Körper, die wir für die Fruchtbarkeit und Gesundheit brauchen. Die wichtigen Mikronährstoffe sind in den Makronährstoffen verborgen. Schauen wir zuerst auf die vier genannten Makronährstoffe.

Eiweiße sind für die Zellentwicklung in der frühen Schwangerschaft und für die Produktion von körpereigenen Proteinen unerlässlich. Sie bestehen aus verschiedenen Aminosäure-Bausteinen. Du findest verschiedene Kombinationen davon überall in deinem Körper und sogar im Innersten deiner Körperzellen, in der DNA, unseren Genen. Eiweiße spielen auch beim Erhalt des Blutzuckerspiegels und beim Transport von Hormonen eine wichtige Rolle. Leider kann der Körper Eiweiß in Form von Aminosäuren nicht speichern, anders als bei Kohlenhydraten oder Fetten. Zudem benötigt dein Körper eine Mischung aus verschiedenen Aminosäuren, um gegebenenfalls die einen in andere umzuwandeln. Eiweiß kannst du aus tierischen oder pflanzlichen Quellen aufnehmen. Einige Beispiele für eiweißreiche Lebensmittel sind Hühnchen, Fisch, Eier, Joghurt und Hülsenfrüchte wie Erbsen, Linsen oder Bohnen. Auch Quinoa, Nüsse und Samen enthalten unter anderem viel Eiweiß.

Kohlenhydrate sind ein weiterer wesentlicher Bestandteil der Ernährung bei Kinderwunsch, da sie für die Energiebereitstellung wichtig sind. Kohlenhydrate werden seit Jahren als ungesund bezeichnet; die landläufig sogenannten Zucker werden relativ schnell in Fett umgewandelt, wenn unser Körper sie nicht rechtzeitig nutzt. Gerade mit der Untergruppe der einfachen Kohlenhydrate, im Gegensatz zu den komplexen Kohlenhydraten, passiert dies besonders schnell. Du findest diese Form der einfachen Zucker vor allem in Süßigkeiten, Gebäck, in Früchten und zuckerhaltigen Getränken. Die komplexen Kohlenhydrate (z. B. Vollkorngetreide) sind in der Kinderwunschernährung vorteilhaft. Sie halten den Zuckerspiegel in unserem Blut, den sogenannten Blutzuckerspiegel, stabiler und lassen ihn nicht so schnell ansteigen und wieder abfallen wie die einfachen Zucker. Die Stabilität deines Blutzuckerspiegels spielt beim Kinderwunsch eine sehr große Rolle, daher wirst du später in diesem Buch noch mehr darüber erfahren. Komplexe Kohlenhydrate sind zudem wichtig für die Ernährung unserer Darmbakterien, unserem sogenannten Mikrobiom, das eine sehr wichtige Rolle bei der Nährstoffaufnahme, im Hormonstoffwechsel und bei der Regulation des Immunsystems einnimmt. Beispiele für komplexe Kohlenhydrate, die du gern zu dir nehmen darfst, sind Gemüse, Vollkornprodukte wie Vollkornweizen oder -reis, Kartoffeln und Hülsenfrüchte wie Erbsen, Linsen oder Bohnen.

Die wichtigen Ballaststoffe können wir in Form von Vollkornprodukten und Gemüse aufnehmen. Vor allem grünes Blattgemüse und roh oder leicht gegartes Gemüse wie Kohl sind eine wertvolle Quelle für Ballaststoffe, Antioxidantien und sekundäre Pflanzenstoffe. Diese Bestandteile der Ernährung sind für die Gesundheit des Mikrobioms und die Zellgesundheit des Körpers wichtig. Auch fermentiertes und sauer eingelegtes Gemüse wie Sauerkraut ist ein wichtiger Lieferant von Bifidobakterien und Lactobazillen und tragen zu deiner Darmgesundheit bei. Die Ballaststoffe pflegen deine Darmflora und unterstützen so die Gesundheit der Darmwand und die natürlichen Funktionen des Darms wie die Nährstoffaufnahme, Schutz vor unerwünschten Stoffen sowie die Entgiftung.

Letztendlich sollten auch gesunde Fette in der Ernährung bei Kinderwunsch unbedingt berücksichtigt werden. Fette, wie unter anderem Cholesterin, sind in der Ernährung unerlässlich und werden bei einer Vielzahl von Funktionen benötigt. Zum einen sind Fette wichtige Baustoffe beispielsweise für Hormone oder Zellwände und sie sind auch eine hervorragende Quelle für einige essenzielle, also nicht von uns herstellbare Nährstoffe. Vielleicht ist es dir schon zu Ohren gekommen, dass es sogenannte gesunde und ungesunde Fette gibt. Als ungesund gelten solche Fette, die sehr heiß geworden und dadurch in sogenannte Transfette verwandelt worden sind. Ein Beispiel dafür ist Frittierfett. Aber auch viele Kekse und Fertiggerichte wie Pizza enthalten ungesunde Transfette.

Fette werden grundsätzlich in gesättigte Fettsäuren, die vorwiegend in tierischen Fetten vorkommen, in einfach ungesättigte Fettsäuren, wie beispielsweise in Pflanzenölen, oder in mehrfach ungesättigte Fettsäuren unterteilt, zu denen die Omega-3-Fettsäuren gehören. Omega-3-Fettsäuren sind eine besonders wertvolle Art von Fetten, die für unsere Gesundheit unerlässlich sind. Diese Fettsäuren helfen, unseren Körper gesund zu halten, indem sie Entzündungen hemmen und das Immunsystem unterstützen. Sie sind auch dafür bekannt, das Risiko von Herzerkrankungen zu senken. Darüber hinaus tragen sie zur Gehirngesundheit bei deinem Baby und bei dir bei und wirken gegen Demenzerkrankungen. Um einen ausreichenden Speicher und ein gesundes Gleichgewicht zwischen Omega-3- und Omega-6-Fettsäuren zu bekommen, müssten die meisten Menschen sie in viel höherem Maße aufnehmen. Die guten Omega-3-Fettsäuren, welche die oben genannten Effekte haben, finden sich vor allem in fettem Meeresfisch aus Wildfang oder in den Algen, die diese Fische gefressen haben. Eine Deckung aus pflanzlichen Quellen ist schwierig, da unser Körper diese pflanzliche Omega-3-Untergruppe nur zu etwa 10 % in die Form wirkungsvoller Omega-3-Fettsäuren aus den Meerestieren umwandeln kann. Neben Leinöl enthalten auch Olivenöl, Avocado, Nüsse und Samen viele Omega-3-Fettsäuren, jedoch deutlich weniger als Algen oder fetter Meeresfisch, was du beides zu dir nehmen solltest.

Grundlagen einer optimalen Ernährung

Du hast es eben schon gelesen: Es ist wichtig, aus allen Nährstoffgruppen ein buntes Gemisch aufzunehmen, viel Gemüse und gesunde Fette zu essen sowie Ballaststoffe und eine bakterienreiche Ernährung für den Darm zu dir zu nehmen. Trotz des Überflusses an Nahrungsmitteln, die uns hierzulande zur Verfügung stehen, haben wir heutzutage Schwierigkeiten, ausreichend viele Mikronährstoffe wie Vitamine, Spurenelemente und notwendige Begleitstoffe aufzunehmen. Das kann an einer einseitigen Ernährung liegen und an der Qualität unserer Nahrungsmittel, denn die ursprünglich hervorragenden Lebensmittel sind heute relativ vitalstoffarm. Untersuchungen zeigen, dass viele unserer bekannten und industriell erzeugten Lebensmittel heute 40 % weniger Nährstoffe enthalten als noch vor 50 Jahren. Auf der anderen Seite benötigt unser Körper heute mehr Mikronährstoffe, um sich vor Stress zu schützen und Giftstoffe abzubauen. Ein Beispiel: Zigarettenraucher*innen haben beispielsweise einen um 40 % höheren Bedarf an Vitamin C und einen erhöhten Bedarf an Folsäure, um die Inhaltsstoffe des Zigarettenrauchs zu entgiften. Auch die Einnahme und Verarbeitung verschiedener Medikamente verbraucht häufig wichtige Mikronährstoffe, die irgendwo anders im Körper fehlen können.

Ein sogenannter Mikronährstoffräuber ist zum Beispiel die Antibabypille. Viele Frauen leiden bereits während der Pilleneinnahme unter emotionalen Schwankungen, Depressionen und anderen Nebenwirkungen, die sie bisher nicht der Antibabypille zuordnen konnten. In der ganzheitlichen Medizin ist bekannt, dass Frauen, die die Pille absetzen, häufig ein Mikronährstoffdefizit haben, welches auch nach Absetzen der Pille zu Störungen im natürlichen Zyklus und in der Fruchtbarkeit oder sogar zum Ausbleiben der Regelblutung führt. Diese Symptome werden dann als Post-Pill-Syndrom bezeichnet. Oft dauert es eine ganze Weile, bis diese leeren Speicher wieder aufgefüllt sind und der Zyklus sich wieder einspielen kann.

Aus all den genannten Gründen solltest du dich überwiegend mit biologisch erzeugten Nahrungsmitteln ernähren, damit du viele Mikronährstoffe zu dir nimmst. Viele wichtige Nährstoffe, Spurenelemente, sekundäre Pflanzen- oder Ballaststoffe befinden sich auch in den Schalen unserer Lebensmittel, die du nicht unbedingt immer entfernen musst. Beispielsweise können ein Apfel, eine Birne oder eine Gurke gut mit Schale gegessen werden. Versuche auch, frische regionale und saisonale Lebensmittel zu kaufen, und verwende bei deinen Mahlzeiten eher wenige Zutaten, sodass dein Mikrobiom nicht überfordert wird. Nüsse, Samen oder Obst eignen sich hervorragend als Zwischenmahlzeit, wenn du eine brauchst. Verwende gute Fette oder Öle für Salate oder zum Braten. Tausche in deiner Ernährung gegebenenfalls Sonnenblumenöl, Rapsöl und Margarine gegen kalt gepresstes Olivenöl für kalte Speisen, Kokosöl zum Braten und Butter oder Ghee aus, um gute Fette zu dir zu nehmen. Würze deine Nahrung mit passenden und möglichst frischen Kräutern, die alle wahre Nährstoffbomben sind.

Blutzuckerspiegel und Gewicht beeinflussen deine hormonelle Balance

Natürlich hat heute schon jeder gehört, dass Zucker die Gesundheit nicht verbessert. Gemeint ist hier der Einfach-Zucker und nicht die komplexen Kohlenhydrate. Zuerst möchte ich dir sagen, dass ein süßer Zucker nicht verboten ist. Du solltest aber insgesamt die Aufnahme von Einfach-Zuckern verringern. Einfach-Zucker gelangen sehr schnell in dein Blut und lassen deinen Blutzuckerspiegel steil ansteigen. Deine Zellen kommen jetzt sehr leicht an schnelle Energie. Wird diese jedoch gar nicht gebraucht, dann wandelt die Leber diesen Zucker in Fett um, und dein Blutzuckerspiegel sinkt schnell wieder ab. Dieses Auf und Ab, die hohen Schwankungen im Blutzuckerspiegel können ungünstige Folgen für deine Gesundheit und die Fruchtbarkeit haben. Sie können zu Heißhunger, Fettleibigkeit, Diabetes und verschiedenen Regulationsstörungen im Hormon- und Immunsystem führen. Ein relativ stabiler Blutzuckerspiegel ohne große Höhen oder Tiefen ist für deine Gesundheit und Fruchtbarkeit von Vorteil.

Um deinen ganz natürlich schwankenden Blutzuckerspiegel im normalen Rahmen zu halten, solltest du in deiner Ernährung Eiweiße mit Kohlenhydraten kombinieren. Durch das Gemisch nimmt dein Körper teilweise Kohlenhydrate und Eiweiße auf, und der Blutzuckerspiegel steigt langsamer an, als wenn du ausschließlich Kohlenhydrate isst. Auf diese Weise kannst du deinen Blutzuckerspiegel noch besser stabilisieren. Wenn du eine kohlenhydratreiche Mahlzeit mit vielen Einfach-Zuckern zu dir nimmst, wie beispielsweise Schokolade oder Früchte, dann steigt dein Blutzuckerspiegelt stark an und erreicht eine Spitze. Bei einer gesunden Person fällt der Blutzuckerspiegel anschließend schnell wieder ab und kann zu Heißhungerattacken führen.

Wenn du mehr komplexe Kohlenhydrate zu dir nimmst, wie beispielsweise eine Mahlzeit aus Vollkornprodukten oder Quark, dann steigt dein Blutzuckerspiegel langsamer an und fällt langsamer wieder ab. Du verfällst nicht in eine Form der Unterzuckerung mit Heißhungerattacken wie im vorherigen Beispiel.

Ein Laborwert, der dir darüber Auskunft geben kann, wie es im Allgemeinen um die Stabilität deines Blutzuckerspiegels steht, ist

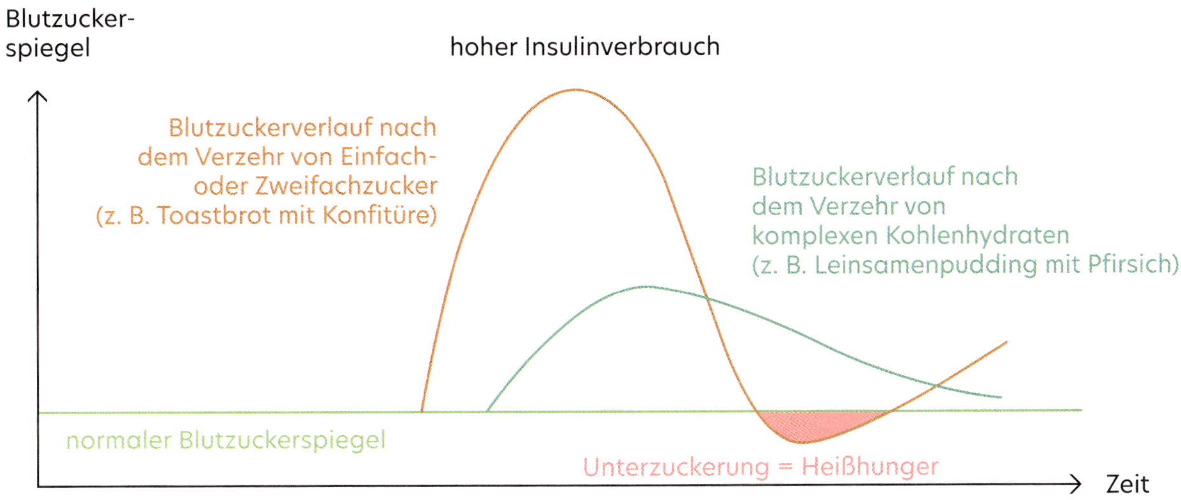

der sogenannte HbA1c-Wert, den Hausärzt*innen oder Gynäkolog*innen im Blut messen können. Der HbA1c ist ein Langzeitwert, der unter anderem bei Diabetikern dafür genutzt wird, um zu zeigen, wie häufig der Blutzuckerspiegel über dem oberen Grenzwert liegt, also zu hoch ist.

Auch ein sogenannter Homa-Test ist eine Blutzucker-Untersuchung, die Arztpraxen häufig anbieten, um eine sogenannte Insulinresistenz zu diagnostizieren oder in der Schwangerschaft einen unbemerkten Schwangerschaftsdiabetes auszuschließen. Dieser Test misst den Blutzuckerspiegel nach einer zuckerreichen Flüssigkeitsaufnahme und die Reaktion deines Körpers darauf. Getestet wird damit auch auf eine Insulinresistenz, die sich häufiger als erwartet findet.

Eine Insulinresistenz ist ein Zustand, bei dem dein Körper nicht mehr normal auf Insulin reagiert. Insulin ist ein Hormon aus deiner Bauchspeicheldrüse, das hilft, Zucker aus dem Blut in die Körperzellen zu transportieren, sodass dein Blutzuckerspiegel sinkt. Einige häufige Anzeichen für eine Insulinresistenz sind Gewichtszunahme, trotz einer gesunden Ernährung und regelmäßiger Bewegung, sowie allgemeine Anzeichen einer Zucker- und Fettstoffwechselstörung wie erhöhte Triglyceride, LDL-Cholesterin und Blutdruckerhöhung, Zyklusstörungen und Probleme in der Fruchtbarkeit sowie körperliche Schwäche oder Infektanfälligkeit. Darüber hinaus kann auch ein Verlust der Muskelmasse ein Zeichen für eine auftretende Insulinresistenz sein.

Besondere Schwierigkeiten hat eine Gruppe von Frauen, die von dem sogenannten PCOS betroffen ist, dem Syndrom polyzystischer Ovarien, bei dem in zwei Drittel dieser Fälle eine sogenannte Insulinresistenz auftritt. Bei vielen dieser betroffenen Frauen entsteht dadurch auch Übergewicht und ein erhöhter Androgenspiegel. Das männliche Geschlechtshormon, das Androgen, führt zu unreiner Haut und unerwünschtem Haarwuchs oder Haarausfall. Das hormonelle Gleichgewicht der Frau wird durch den erhöhten Androgenspiegel gestört, die Eierstöcke, die sogenannten Ovarien, verändern sich und der Eisprung kann gehemmt werden. Mitunter wird der weibliche Zyklus derart beeinflusst, dass es sehr lange Zyklen von über 35 bis 90 Tagen gibt oder die Periode ganz ausbleibt.

In jedem Fall einer nachgewiesenen Insulinresistenz sollten Kohlenhydrate, also Zucker, in der Ernährung gemieden werden. Auch Über- oder Untergewicht spielen eine große Rolle bei der Fruchtbarkeit. Bei Kinderwunsch sollte der Body-Mass-Index, BMI, bei Frauen optimalerweise im Bereich zwischen 19 und 24 kg/m² liegen. Deinen BMI kannst du mit dieser Formel ganz leicht selbst ausrechnen: Körpergewicht in Kilogramm, geteilt durch Körpergröße zum Quadrat. Hier ein Beispiel: Der BMI bei 70 kg und 1,70 m Größe berechnet sich wie folgt 70 kg : 1,7 × 1,7 = 24,22 (BMI). Ist das Gewicht zu hoch, dann nutzt jede Gewichtsveränderung in Richtung des optimalen Bereichs bereits, um die Fruchtbarkeit zu verbessern, das haben Studien gezeigt. Jedes Kilo zählt also. Das gilt übrigens für beide Geschlechter, beim Mann und bei der Frau. Wenn du sehr gern süß isst, habe ich ein paar Alternativen zum Süßen deiner Speisen. Statt des kristallinen Industriezuckers kannst du auch Apfeldicksaft, Agavendicksaft, Ahornsirup, Birkenzucker, Dattelsirup oder Datteln, Kokosblütenzucker, Honig, Rübensirup oder Stevia nutzen.

Die wichtigen Helfer für die Fruchtbarkeit

Die wichtigsten Bestandteile in der Ernährung bei Kinderwunsch sind Ballaststoffe, Vitalstoffe wie Vitamine und Spurenelemente sowie eine bakterienreiche Nahrung. Immer mehr Studien zeigen, dass deine Darmbakterien mitbestimmen, wie gesund, emotional ausgeglichen und fruchtbar du bist. Entgegen der allgemeinen Annahme, dass Bakterien unhygienisch sind, brauchen wir sie unbedingt für unser Immun- und Hormonsystem. Ein Apfel mit Schale oder sauer eingelegtes Gemüse sind optimal für den Darm. Dagegen solltest du hocherhitzte und intensiv verarbeitete Lebensmittel meiden, denn dann sind alle Erreger tot, auch die guten, die für uns arbeiten. Sorge daher durch eine prä- und probiotische Ernährung dafür, dass es deiner Darmflora, deinem Mikrobiom, gut geht.

Präbiotika sind Substanzen, die Bakterien in unserem Darm als Nahrung dienen, aber nicht verdaut werden können. Beispiele für Präbiotika sind bestimmte Gemüsesorten oder Vollkornprodukte.

Probiotika dagegen sind lebende Bakterien, die normalerweise in unserem Darm vorhanden sind. Sie helfen bei der Verdauung, stärken unser Immunsystem, unterstützen die Balance im Hormonsystem und reduzieren zum Beispiel das Risiko von Darmkrankheiten. Probiotika sind lebende Mikroorganismen, die das Wachstum und die Funktion der normalen Bakterien im Körper unterstützen und das Wachstum ungünstiger Populationen verdrängen können. Beispiele für Probiotika sind Joghurt, Trinkjoghurt, Kefir, Sauerkraut und bestimmte fermentierte Lebensmittel. In ihnen sind nützliche und wichtige Bakterien und Mikroben enthalten, die wir mit der Nahrung aufnehmen können und sollten.

Untersuchungen haben gezeigt, dass zu den Bakterien, die besonders die Fruchtbarkeit bei Mann und Frau verbessern, Laktobazillen und Bifidobakterien gehören. Jedoch spielt die gesamte Bakterienpopulation unseres Darms, das sogenannte Mikrobiom, eine unglaublich wichtige Rolle für deine Gesundheit und die Fruchtbarkeit. Millionen verschiedener Bakterien und Mikroben helfen dir, deinen Körper zu schützen und auf natürliche Weise gesund und stark zu halten. Ohne dein Mikrobiom kannst du nicht gesund leben. Je besser es deinem Mikrobiom geht, also je mehr es mit den guten Bakterienstämmen versorgt und im Gleichgewicht ist, und je vielseitiger und artenreicher deine Darmflora aufgebaut ist, umso besser ist es für dich, deine Fruchtbarkeit und eine gesunde Schwangerschaft. Kaufe wenn möglich keine ultrahocherhitzen oder mit Konservierungsmitteln haltbar gemachten Produkte mehr ein, denn in ihnen leben in der Regel keine Bakterien mehr.

Superfoods für die Kinderwunschzeit

Im Grunde gibt es keine einzelnen Superfoods für die Kinderwunschzeit. Denn wie du aus den vorherigen Kapiteln schon weißt, ist eine ausgewogene, ballaststoffreiche und qualitativ gute Ernährung, die dein Mikrobiom unterstützt, das Geheimnis, um die eigene Fruchtbarkeit zu stärken. Dennoch gibt es ein paar wertvolle Tipps, die ich dir gerne weitergebe.

Die ersten Superfoods, die du ständig nutzen solltest, sind Kräuter und Gewürze. Sie sind wahre Vitalstoffbomben. Gerade die frischen Kräuter, die du beispielsweise auch auf deiner Küchenfensterbank oder auf dem Balkon züchten kannst, die Sprossen und Keimlinge, die Petersilie, der Schnittlauch oder die Kresse, sind ganz hervorragende Vitalstofflieferanten. Sie erfüllen jedoch nicht nur den Anspruch, voller Mineralien und Vitamine zu stecken, sondern sie fördern durch die verschiedenen Enzyme und Begleitstoffe, die sie mitbringen, auch die Verdauung des Nahrungsbreis und unterstützen das Mikrobiom in seinen Aufgaben und seiner Vielfalt. Noch besser kann der Nutzen von Kräutern sein, wenn du sie frei sammelst. Zum Beispiel Löwenzahn und Vogelmiere findest du unverändert in der Natur. Die ungezüchteten, naturbelassenen Kräuter bringen noch mehr wertvolle Nährstoffe mit als unsere Zuchtware aus dem Gewächshaus. Sofern du die Möglichkeit hast, beim Spaziergang etwas zu pflücken, was nicht von Autoabgasen oder Tieren verschmutzt wurde, rate ich dir, sie zu waschen und zu essen.

Der zweite Tipp, den ich dir geben möchte, sind die vitalstoffreichsten Lebensmittel überhaupt, die grünen Blattsalate. Sie nehmen die obersten Plätze in den Superfoodlisten der Welt von Platz eins bis Platz zwölf ein. Ich zähle sie hier der Reihenfolge nach auf: Chinakohl, Mangold, Rote-Bete-Blattgrün, Spinat, Grünkohl, Chicorée, Blattsalat, Romanasalat, Endivie, Löwenzahn, Rucola,

Eisbergsalat. Toll, oder? Mach dir immer wieder einen Salat und iss ihn vor der Hauptmahlzeit, damit dein Blutzuckerspiegel nur langsam steigt (kleiner Tipp am Rand ...).

»An apple a day keeps the doctor away«, heißt grob übersetzt: Ein Apfel am Tag hält den Arzt fern. Ja, Äpfel sind auch heute noch echtes Superfood. Sie sind extrem gesund und enthalten unter den Früchten vergleichsweise wenig Zucker und 0 % Fett. Sie sind vitamin- und ballaststoffreich und verfügen über große Mengen sekundäre Pflanzenstoffe, die Äpfel so besonders wertvoll machen. Der Apfel ist ein vielseitiger Klassiker in unserer Ernährung, den du roh, gedörrt, getrocknet, als Mus, aus dem Ofen, im Kuchen oder als frische Komponente in Salaten verwenden kannst. Bitte denke daran, dass du die Schale der Äpfel mitisst, denn in ihrer Schale sind Wirkstoffe mit hoher antioxidativer Wirkung enthalten. Äpfel enthalten über 30 Spurenelemente und sehr viele bei Kinderwunsch wichtige Vitamine wie A, C, B1, B2 und E. Ich rate dir, gleich einen Sack Äpfel im Bioladen zu kaufen, dann kannst du täglich ein Stück Gesundheit essen.

Auch das Hühnerei ist ein echtes Superfood. Für ein Ei braucht ein Huhn etwa 24 Stunden. Das ist eine recht kurze Zeit für ein so perfektes Lebensmittel. Ein Ei enthält alle Vitamine außer Vitamin C. Schon ein Ei kann bis zu 35 % des Tagesbedarfs an Vitamin D-Vorstufen und 38 % des Tagesbedarfs an Vitamin B12 decken, egal ob es gekocht oder gebraten wird. Außerdem enthalten Eier große Mengen an Mineralstoffen wie Kalzium, Zink, Eisen, Kalium und Selen und einige für uns gute Fettsäuren. Das Hühnereiweiß kann zu 100 % von uns Menschen verarbeitet werden, was ein außergewöhnlich guter Wert ist. Wie gut ein Ei von seiner Qualität her ist, hängt auch nachweislich von dem ab, was das Huhn selbst zu fressen bekommen hat. Daher rate ich dir beim Eierkauf, genau hinzuschauen und Eier aus Bio- und Freilandhaltung zu kaufen, denn sie enthalten etwa das Doppelte an Omega-3-Fettsäuren, das Dreifache an Vitamin E und das vier- bis sechsfache an Vitamin D, das Siebenfache an Beta-Carotin, viel Vitamin A und gleichzeitig weniger Cholesterin und gesättigte Fettsäuren als vergleichbare Eier aus konventioneller Produktion.

An dieser Stelle möchte ich dir raten, keine Angst vor Cholesterin zu haben. Wir benötigen das Cholesterin als Vorstufe für die Herstellung unserer Hormone und können auf Cholesterin keinesfalls verzichten. In einem Hühnerei bekommst du Cholesterin in sehr guter Qualität. Zehn Eier pro Person und Woche sind beim Kinderwunsch auf jeden Fall erlaubt.

Es gibt noch eine Reihe weiterer wundervoller Superfoods, ich nenne nur noch beispielhaft Blaubeeren, Erbsen, Lachs, Rote Beten, Tomaten und Olivenöl – das alles findest du in den Rezepten dieses Buches wieder.

Einzelne Mikronährstoffe im Fokus

Für einen gesunden Stoffwechsel und die Fruchtbarkeit von Mann und Frau sind grundsätzlich die gleichen Vitamine und Mineralien wichtig, nur die Menge variiert je nach Geschlecht und Körpergewicht. Trotz der guten Versorgung mit Lebensmitteln kommen einige Nährstoffdefizite häufig vor. Das liegt einerseits an der verminderten Nährstoffdichte oder geringeren Nährstoffaufnahme durch eine geschwächte Verdauung und andererseits an einem erhöhten Verbrauch bei Stressbelastungen, Krankheiten oder zur Entgiftung zum Beispiel von Umweltgiften oder Medikamenten. In der Regel werden diese Defizite vom Menschen selbst nicht bewusst wahrgenommen. Die häufigsten für den Kinderwunsch relevanten Defizite treten durch eine Unterversorgung mit B-Vitaminen, darunter Folsäure und Vitamin B6 oder B12, Vitamin D3, Eisen, Selen, Magnesium, Zink und Omega-3-Fettsäuren auf. B-Vitamine wie B6, B12 und Folsäure, Eisen, Selen, Magnesium, Zink und Omega-3-Fettsäuren kannst du über die Ernährung vermehrt zu dir nehmen, dein Vitamin-D-Spiegel ist dagegen davon abhängig, dass Sonnenlicht auf deine Haut scheint, damit die Umwandlung in eine wirksame Vitamin-D-Form stattfinden kann.

Neben den Vitaminen, Mineralien und Fettsäuren spielen noch viele Begleitstoffe aus unserer Ernährung eine wichtige Rolle für die Gesundheit und Fruchtbarkeit. Ein Beispiel sind die Antioxidantien, welche die sogenannten freien Radikale, auch Oxidantien genannt, unschädlich machen sollen. Freie Radikale stehen in dem Verdacht, unsere Zellen zu schädigen und besonders den Zellkern, in dem unsere Gene liegen. Um Schäden an den Keimzellen, also den Eizellen und Spermien zu verringern oder auch Alterungsprozesse im Körper aufzuhalten, werden Antioxidantien empfohlen. Zu den Antioxidantien gehören viele Vitamine, beispielsweise Vitamin A, C und E oder auch Mineralien wie Selen, Zink und Mangan.

Ein weiteres wichtiges Antioxidans ist das Lycopin, ein sekundärer Pflanzenstoff, der in hohen Mengen in der Tomate vorkommt. Neben der Tomate findet sich Lycopin auch in Basilikum, Grapefruits, Karotten, Mangos, Papayas, Spargel und Wassermelonen. Von Lycopin weiß man inzwischen, dass es die männliche Fruchtbarkeit fördern kann und dass Lycopin auch beim Erhitzen erhalten bleibt. Daher kannst du auch im Winter mit Dosentomaten etwas Gutes für eure Fruchtbarkeit tun.

Auch die Flavonoide wirken antioxidativ. Sie finden sich in vielen Obst- und Gemüsesorten und führen mitunter auch zu deren Rotfärbung. Besonders reich an Flavonoiden sind Äpfel, Grünkohl, rote Trauben, Rotkohl oder Rote Beten. Darüber hinaus gibt es noch weitere antioxidantienreiche Stoffe, die in Spinat, Paprikaschoten, Knoblauch und Oliven enthalten sind.

OPC, Oligomere Proanthocyanidine, wie das Resveratrol, sind ebenfalls als Antioxidantien bekannt. Sie kommen beispielsweise in Äpfeln, Erdnüssen, Heidelbeeren, Blaubeeren, Cranberrys oder Trauben sowie in Vollkornprodukten vor.

Das sogenannte Coenzym Q10 ist ein körpereigenes Antioxidans. Es befindet sich in jeder Zelle und spielt im Energie- und Zuckerstoffwechsel im Zellkraftwerk, dem

Mitochondrium, eine bedeutende Rolle. Beim Q10 handelt es sich um ein sogenanntes Coenzym, das auch als Ubiquinon oder Ubiquinol bekannt ist. In der Nahrung findet man Coenzym Q10 in Butter, Olivenöl, Sonnenblumenöl, Geflügel ,Rindfleisch, Schweinefleisch, Blumenkohl, Brokkoli, Chinakohl, Kartoffeln, Paprikaschoten, Spinat, Weißkohl und Zwiebeln. Die Herstellung von Coenzym Q10 kannst du selbst im Körper fördern, indem du deine Zellkraftwerke ganz einfach durch Sport trainierst.

Insgesamt gibt es also eine Vielzahl an Oxidantien in unseren Lebensmitteln. Auch aus den sogenannten sekundären Pflanzenstoffen der Lebensmittel, die häufig an der Färbung der Lebensmittel beteiligt sind, stammen Antioxidantien. Daher kannst du eine gute Auswahl an wirksamen Antioxidantien treffen, indem du Lebensmittel in verschiedenen Farben kaufst. »Eat the rainbow«, iss den Regenbogen, ist die moderne Bezeichnung für diesen einfachen Weg, sich gesund und vielseitig zu ernähren.

In der Anlage findest du eine Tabelle zur Übersicht über wichtige Vitamine, Spurenelemente, Mineralien und Fette, die im Kinderwunsch eine wichtige Rolle spielen.

DIE ERNÄHRUNG AUF EINFACHE ART VERBESSERN

Die erste Mahlzeit des Tages

Hier bekommst du Tipps zu hilfreichen Ernährungsgewohnheiten, mit denen du täglich mehr aus deiner Nahrung herausholst. Wenn du deinen Zyklus unterstützen möchtest, dann rate ich dir im Allgemeinen ein Frühstück zu dir zu nehmen. Dabei muss diese Mahlzeit nicht direkt nach dem Aufstehen eingenommen werden. Auch ein Frühstück ein bis zwei Stunden nach dem Aufstehen genügt. Dein Frühstück sorgt in deinem Stoffwechsel für einen stressfreien Tagesablauf, der dein hormonelles Gleichgewicht unterstützt. Dabei ist das Stresshormon Cortisol das Hormon, auf das es hierbei ankommt. Ohne eine ausreichende Kalorienversorgung deines Körpers am Morgen steigt Cortisol übermäßig an, sodass du oft unbemerkt in eine körperliche Stresssituation gerätst. Der Anstieg von Stresshormonen kann sich negativ auf deine Geschlechtshormone auswirken und sorgt für einen entsprechenden Anstieg von Blutdruck und Blutzucker, der dann aus körperlichen Reserven gedeckt wird. Das funktioniert im Allgemeinen und im Notfall gut, und ist dennoch bei Kinderwunsch nicht gewünscht. Starte in deinen Tag so, dass die Kalorienzufuhr für eine Sättigung bis zum Mittag reicht. Ein geeignetes Frühstück könnte aus naturbelassenem Joghurt oder Quark mit Früchten und einigen Nüssen oder Getreide bestehen. Je nach Jahreszeit und Saison passen Beerenfrüchte, Äpfel, Birnen und Pflaumen dazu. Ergänzt mit einem Esslöffel Leinöl oder Algenöl für die Omega-3-Versorgung, ist das beispielsweise ein ideales nähr- und ballaststoffreiches Frühstück.

In der Traditionellen Chinesischen Medizin gilt es als besonders wichtig, morgens eine verdauungsschonende Kost zu sich zu nehmen. Die Chinesen dünsten, rösten, kochen und wärmen daher morgens bereits ihre Nahrung, um sie dadurch verdaulicher zu machen. Jede Art von Verarbeitung, wie das Zerkleinern und auch die Zufuhr von Wärme, sorgt aus Sicht der TCM dafür, dass die Mahlzeit energiereicher wird. Qi ist der chinesische Begriff für diese Art von Energie. In China wird morgens daher häufig gedünsteter Kohl oder eine Reissuppe mit Gemüse zu sich genommen.

Eine einfache und sehr gesunde Frühstücksvariante, die wir auch hierzulande gut kennen, ist das Porridge. Die Grundlage sind zumeist Haferflocken, am besten feine Vollkornflocken, die mit etwas Wasser und Salz gekocht werden. Du kannst dem Porridge Nüsse oder Früchte hinzufügen oder auch etwas Sahne oder Milch, wenn du das magst. Ein schönes Rezept dazu findest du auf Seite 97. Zum Glück ist das Porridge wieder sehr modern geworden. Zudem zeigen neue Forschungen, dass Hafer Blutzuckersteigerungen bremst sowie reich an Ballaststoffen und Proteinen ist, die lange sättigen. Daher wird es seit Neuestem zusammen mit Proteinen im Hawei-Konzept (Hawei = Hafer und Eiweiß) zur Gewichtsreduktion empfohlen und ist auch für Frauen mit PCOS geeignet. Hafer enthält zudem einige wertvolle Vitamine und Mineralien, wie Folsäure und Zink, sowie Antioxidantien, die deine Zellen schützen und das Immunsystem unterstützen.

Förderlich ist auch, wenn du zum Frühstück einen grünen Tee trinkst. Seine Inhaltsstoffe sind allgemein sehr gesund, wirken antioxidativ und bringen dich sanft in Schwung. Wenn du für den morgendlichen Schwung gern Kaffee trinkst, solltest du wenn möglich darauf achten, dass du deinen ersten Kaffee erst etwa zwei Stunden nach dem Aufstehen trinkst. Das wäre biologisch am sinnvollsten, denn dann ist dein Körper bereit, um auf das Koffein wie gewünscht mit einem Aufschwung zu reagieren. Wenn du als Erstes morgens nach dem Aufstehen Kaffee trinkst, wird der Kaffee dich zwar auch entsprechend unterstützen, der Aufschwung kommt jedoch vor dem natürlichen Energieanstieg im Biorhythmus, sodass er antizyklisch erfolgt. Das Koffein sorgt dafür, dass deine Nebennieren, die das Cortisol produzieren, jetzt schon Cortisol ausschütten müssen und mit dem Biorhythmus später noch einmal. Dies kann auf die Dauer eine gewisse Erschöpfung in den Nebennieren bewirken. Koffein am Morgen kann also auch ein Grund für Erschöpfung sein! Zudem solltest du Kaffee möglichst ein bis zwei Stunden vor oder erst nach dem Essen genießen, damit die Vitalstoffe optimal aufgenommen werden können. Wenn du magst, dann probiere es einfach einmal aus: Trinke morgens grünen Tee und erst etwas später im Laufe des

Vormittags deinen ersten Kaffee. Ein Hinweis noch für dich: Koffeinfreier Kaffee gilt leider als nicht besonders gesund, denn die Entkoffeinierung bringt weitere Inhaltsstoffe in den Kaffee hinein, deren gesundheitlicher Nutzen beziehungsweise gesundheitliche Bedenklichkeit noch nicht geklärt sind.

Optimiere deine eigenen Rezepte für alle Mahlzeiten

Mit den Superfoods hast du schon eine einfache Variante kennengelernt, wie du deine Ernährung auf einfache Weise verbessern kannst. Kaufe möglichst bewusst gute und regionale Qualität ein. Gerade bei dem, was du häufig oder in großer Menge isst, lohnt es sich, auf Bioqualität zu achten.

Ein ganz anderer Tipp ist: Achte auf die Reihenfolge, wie du Lebensmittel oder eine Mahlzeit zu dir nimmst. Die Reihenfolge der Nahrungsaufnahme spielt eine größere Rolle, als du vielleicht denkst, und kann dich auf ganz einfache Weise unterstützen. Salat oder Suppe als Vorspeise, dann den Hauptgang und zum Schluss den süßen Nachtisch zu essen, das ergibt auch in der modernen Ernährungswissenschaft Sinn.

Und so funktioniert es: Die Vorspeise wie eine gute Tomatensuppe oder ein grüner Salat ist ballaststoffreich, reich an Vitalstoffen, Antioxidantien und Präbiotika für deine Darmbakterien. Diese Vitalstoffe werden sofort in deiner Verdauung weiterverarbeitet und gelangen als Erste an die entsprechenden Rezeptoren im Verdauungstrakt, sodass vieles davon direkt aufgenommen wird. Anschließend kommt der Hauptgang, zum Beispiel ein Hühnercurry mit Reis oder eine Gemüselasagne, die dir eine gute Versorgung mit den wichtigen und unerlässlichen Eiweißen, Kohlenhydraten und Fettsäuren bringt. Und zum Nachtisch nimmst du im besten Fall eine Kombination aus Eiweiß und Kohlenhydraten zu dir, wie zum Beispiel Quark mit Obst oder Grießpudding mit Fruchtsoße. Auf diese Weise werden die schnellen Kohlenhydrate aus dem Nachtisch, also die Einfach-Zucker in deiner Mahlzeit, nur langsam aufgenommen. Dadurch vermeidest du Blutzuckerspitzen, die sowohl deinem Immunsystem als auch deinem Hormonsystem schaden. Auf diese Weise bekommt dein Körper wundervolle Nährstoffe, die er durch ihre Reihenfolge langsam und sinnvoll durch den Verdauungstrakt führt, ohne den Blutzuckerspiegel in die Höhe schnellen zu lassen. Gleichzeitig wird dein Sättigungsgefühl lang anhaltend unterstützt und der Hang oder Drang zu Zwischenmahlzeiten, die wiederum den Blutzuckerspiegel beeinflussen und die Verdauung unnötig beschäftigen, entfällt.

Zwischenmahlzeiten sind für die meisten Menschen unnötig. Sie lassen den Blutzuckerspiegel unnötig steigen und fallen. Wenn du unbedingt etwas essen möchtest, dann am besten einen Apfel oder Nüsse. Sorgst du nun auch noch dafür, dass du keinen Kaffee zu den Mahlzeiten trinkst, oder wenn, dann erst hinterher, passt alles perfekt zusammen.

Zum Kaffee und auch zum Schwarztee solltest du wissen, dass ihr Inhaltsstoff Tannin einige wichtige Rezeptoren für Vitalstoffe ein bis zwei Stunden lang blockiert. Wenn du also den Kaffee oder schwarzen Tee vor einer Mahlzeit trinkst, werden deine Rezeptoren für viele Vitalstoffe, die zum Beispiel deine Vorspeise mitbringt, nicht so gut aufgenommen, als wenn du den Kaffee erst später nach dem Essen trinkst. Auch die Eisenaufnahme wird durch Tannine blockiert. Achte also darauf, dass du deinen Kaffee erst nach dem Essen trinkst oder weit vor einer Mahlzeit, damit die Rezeptoren noch oder bereits wieder frei sind, wenn du isst. Das gilt natürlich auch fürs Frühstück. Trinke deinen Kaffee oder schwarzen Tee deutlich vor dem Frühstück oder erst ein bis zwei Stunden später am Vormittag.

Räume auf und kaufe passend ein

Ich möchte an dieser Stelle ein wichtiges Thema ansprechen. Mit der Nahrung, durch deren Konservierung oder durch deren Verpackungen, aber auch durch andere Dinge, mit denen wir in Kontakt kommen, wie Kosmetika oder Waschmittel, können Umweltgifte in unseren Körper geraten und unter anderem das Immun- und Hormonsystem beeinflussen. Bei deinen Einkäufen solltest du daher darauf achten, dass du möglichst unverpackte und unverarbeitete Nahrungsmittel auswählst und gegebenenfalls eigene Verpackungsmaterialien benutzt. Wenn du nicht ganz sicher bist, ob deine eingekauften Lebensmittel frei von Pflanzenschutzmitteln wie Pestiziden oder Fungiziden sind, ist es wiederum sehr wichtig, mögliche Giftstoffe vor dem Verzehr abzuwaschen. Da das einfache Abwaschen mit Wasser nicht immer alle Rückstände entfernt, zeige ich dir hier, wie du dies gründlicher selbst tun kannst. So entfernst du Pestizide oder Fungizide auf der Oberfläche einer Schale: Lege das Obst oder Gemüse in lauwarmes Wasser und lasse es etwa 10 Minuten darin liegen. Wasche es danach gründlich ab. Das löst bereits einen großen Teil der Rückstände. Oder lege das Obst oder Gemüse in ein Wasserbad mit einem halben Teelöffel Salz, einem Teelöffel Essig und Zitronensaft. Auch ein Teelöffel Natron auf zwei Tassen Wasser wirkt sehr gut, um Gifte von der Schale zu lösen. Lass es 15 Minuten einwirken, bevor du die Lebensmittel von Hand abwäschst und anschließend mit sauberem Wasser abspülst. Auf diese Weise werden chemische Rückstände zuverlässig entfernt! Bitte gewöhne dir diese Vorgehensweise an, denn auch wenn du später Mutter bist und eine Familie hast, ist es wichtig, Giftstoffe in der Ernährung zu vermeiden.

Auch die meisten Arten von Farbstoffen, Konservierungsstoffen oder Geschmacksverstärkern sind für deine Gesundheit ungünstig. Diese Bestandteile haben zum Teil die Fähigkeit, hormonell aktiv zu wirken und sich als sogenannte endogene Disruptoren in deinen Hormonhaushalt einzumischen. Die sogenannten Xenoöstrogene aus Plastikverpackungen und Bisphenol A, BPA, haben so eine Wirkung. Auch PET-Flaschen oder PVC werden von der WHO, der Weltgesundheitsorganisation, als gesundheitsschädlich angesehen. Meide daher, wo es dir möglich ist, in Plastik verpackte Nahrungsmittel und kaufe zum Beispiel Wasser in Glasflaschen ein. Gewöhne dir an, Obst- und Gemüsenetze, Glasgefäße und Metalldosen zu nutzen und nimm diese auch zum Einkauf mit. Leider finden sich diese hormonaktiven Substanzen nicht nur in Lebensmitteln, sondern auch in Waschmitteln, Reinigungsmitteln oder in Kosmetika. Gerade die in vielen Kosmetika und in Sonnenschutzmitteln enthaltenen künstlichen UV-Filter wie Oxybenzon oder Octrocrylen sind auch ökologische Übeltäter, wenn sie sich beim Baden nach 20 Minuten im Wasser lösen. Diese UV-Protektoren gelangen in den Wasserkreislauf und in die Meeresbewohner. Sie kommen über die Nahrungskette später auch zu dir zurück. Sonnencremes werden über deine Haut auch in deinen Körper resorbiert und wirken je nach Lichtschutzpräparat direkt hormonaktiv. Überlege dir daher gut, wann du wirklich Lichtschutz brauchst und ob du keine andere Möglichkeit hast, dich vor der Sonneneinstrahlung, zum Beispiel durch Kleidung oder Sonnenhut, zu schützen.

Mein Tipp: Nutze bei Bedarf Sonnenschutzmittel aus Kokosöl, Schwarzkümmel oder mit OPC-Bestandteilen.

Um bereits beim Einkauf zu sehen, in welchen der Kosmetika und anderen deiner Haushaltswaren wie Geschirrspül- oder Waschmittel sich schädliche oder hormonaktive Substanzen befinden, lohnt sich der Einsatz von Apps. Einige Apps, zum Beispiel von Toxfox, Barcoo und Codecheck, können über das Einscannen von Barcodes sagen, ob deine Produkte frei von diesen Belastungen sind. Nimm dir vor, deine eigenen Reinigungsmittel und Kosmetika zu Hause zu testen und tausche diese aus, wenn du etwas findest, das ab sofort nicht mehr deinen Kriterien genügt.

Ich möchte dir hier ehrlich ans Herz legen, deinen Haushalt jetzt dementsprechend aufzuräumen, falls du das noch nicht getan hast, und auch zukünftig für deine persönliche Gesundheit und die Gesundheit deiner wachsenden Familie mit diesen uns ständig umgebenden Produkten ganz bewusst und achtsam umzugehen.

Das solltest du immer zu Hause haben

Einige der Lebensmittel, die du am besten immer zu Hause haben solltest, findest du bei den Superfoods für die Kinderwunschzeit. Dazu gehören Äpfel, Blaubeeren, Hühnereier, Erbsen, grüne Salate, Grünkohl und andere Kohlsorten, Joghurt und Quark sowie Lachs und andere Meeresfische, Leinsamen oder Leinöl, kalt gepresstes Olivenöl, verschiedene Nüsse, Rote Beten, eingelegte saure Gurken oder anderes eingelegtes Gemüse, je nach Saison auch Spargel, rote Paprikaschoten und Tomaten, auch aus der Dose. Vor allem solltest du viele frische Kräuter und Gewürze sowie Kokosfett zum Braten zu Hause haben. All dies darfst du gerne nutzen, um deine eigenen Rezepte zu verbessern oder deine Mahlzeiten damit zu ergänzen.

Neben den oben genannten Beispielen für Superfoods eignen sich auch alle Vollkornprodukte, Kichererbsen, Linsen, Erbsen, Dinkel, Quinoa und Naturreis als Basis für zu Hause gut. Es gibt inzwischen auch viele Nudelsorten, die aus Kohl oder Hülsenfrüchten hergestellt wurden, probiere das als Alternative zu herkömmlichen Nudeln unbedingt aus.

Bei den Kräutern und Gewürzen rate ich dir, viele der bekannten Gewürze und Kräuter zu nutzen, die du vielleicht sogar selbst auf der Fensterbank oder in deinem Garten wachsen lassen und ernten kannst. Dazu gehören natürlich Schnittlauch und Petersilie, Kresse, Basilikum, Koriander und viele andere. Kräuter und Gewürze selbst sind voller Spurenelemente, Mineralien und sekundären Pflanzenstoffen, die deine Verdauung fördern. Gleichzeitig wirken sie als Katalysatoren und Enzyme in der Verdauung und im Darm. Dadurch helfen sie gemeinsam mit deinem Mikrobiom, die Lebensmittel und Vitalstoffe so vorzubereiten, dass du sie einfacher in deinen Körper aufnehmen kannst. Es ist bekannt und nachgewiesen, dass Kräuter und Gewürze die Vitalstoffaufnahme aus der Nahrung insgesamt erhöhen. Sie unterstützen darüber hinaus die Entgiftung im Darm und in der Leber, wirken als sogenannte Radikalfänger antioxidativ und schützen damit auch deine beziehungsweise eure Keimzellen, also die Eizellen oder Spermien. Du darfst alle Gewürze und Kräuter in den küchenüblichen Dosierungen verwenden und wirst dir damit in jedem Fall Gutes tun.

Ein Hinweis noch: Solltest du dazu neigen, viele und intensiv wirkende Kräuter wie beispielsweise Ingwer, Zimt, Kurkuma oder auch Chili zu dir zu nehmen, dann solltest du rund um den Zeitpunkt der möglichen Einnistung einer befruchteten Eizelle an Tag 6 bis 10 nach dem Eisprung, etwas vorsichtiger damit sein. Übertreibe es an diesen Tagen einfach nicht mit diesen kräftigen Kräutern und iss oder trinke deinen Tee ein bisschen milder. Manche Kräuter haben in höheren Dosierungen einen Einfluss auf viele Bereiche des Körpers. Eine Selleriesaftkur, eine Zwiebelkur oder eine Phase mit der sogenannten goldenen Milch, einem Gemisch aus Zimt, Ingwer und Kurkuma, oder starke Yogi-Tees, die alle auf ihre Weise gesundheitsfördernd sein können, solltest du in dieser besonderen Zeit im Zyklus besser nicht trinken.

Darauf solltest du in deiner Ernährung ab jetzt achten

Auch wenn du ab sofort deine Ernährungsweise umstellst, solltest du auf deine persönliche Reaktion auf bestimmte Rezepte oder Lebensmittel achten, denn nicht alles, was theoretisch gut ist, ist immer mit jedem Menschen kompatibel. So kann es sein, dass du bestimmte Gewürze nicht verträgst und nicht von Anfang an mit so vielen Ballaststoffen zurechtkommst. Ich rate dir daher, die Ernährungsumstellung nach und nach vorzunehmen und deine Reaktionen zu beobachten. Auf diese Weise nimmst du wahr, wie die Ernährung auf dich und deinen Zyklus wirkt, und gibst deinem Körper und deinem Mikrobiom Zeit, sich an die neue Situation anzupassen.

Teste also einfach einige der empfohlenen Rezepte und schreib dir auf, ob du es gut vertragen hast und wie du dich danach gefühlt hast. Eventuell kannst du mit der Zeit selbst einige Veränderungen an den Zutaten vornehmen, bis es für dich passt. So vermeidest du auf deinem Kinderwunschweg scheinbare Rückschläge durch auftretende Verdauungsbeschwerden. Und auch das möchte ich dir sagen: Es bringt leider nichts, sich ab sofort hauptsächlich von grünen Blattsalaten zu ernähren, weil sie solche Vitalstoffbomben sind. Es kommt vielmehr darauf an, die Nahrungsmittel und Gewürze so zusammenzustellen, dass sie harmonisch zusammenwirken und dadurch in der Verdauung leicht verarbeitet werden können. Oft werden unsere Mahlzeiten nur auf ihre Bestandteile reduziert. Aber glaube mir, die Zusammenstellung und die Zubereitung haben selbst auch eine mindestens ebenso große Bedeutung für eine gesunde Ernährung. Auch aus diesen Gründen rate ich dir, altbekannte Rezepte zu nutzen, bei denen die Zusammensetzung, die Zubereitung und die Gewürze bereits passend vorgeschlagen werden und seit Jahrhunderten oder Jahrzehnten erprobt sind.

In meinen Büchern findest du auch immer wieder scheinbar altmodische Rezepte, die ich aus diesen eben genannten Gründen wieder modern machen möchte. Frei nach dem Motto: Zurück zu unseren Wurzeln. Regionale Lebensmittel, entsprechend den Jahreszeiten frisch und natürlich zubereitet.

DER WEIBLICHE ZYKLUS

Die verschiedenen Phasen im weiblichen Zyklus

Dein Zyklus hat einen ganz bestimmten Ablauf. Dabei werden der Einfachheit halber häufig nur zwei Phasen unterschieden. Die erste Zyklusphase beginnt mit dem Einsetzen der Regelblutung und reicht bis zum Eisprung. Sie wird vor allem vom Hormon Östrogen beeinflusst. Die zweite Zyklusphase beginnt ab dem Eisprung und reicht bis zum Einsetzen der Regelblutung. Sie wird vor allem durch das Hormon Progesteron beeinflusst. Danach geht es für dich in einem neuen Zyklus weiter oder du bist schwanger. Jede dieser beiden Zyklushälften hat eine enorm wichtige Bedeutung für die Fruchtbarkeit und das Eintreten der Schwangerschaft.

Der erste Zyklustag ist dein erster Tag der Regelblutung. Zu Beginn eines neuen Zyklus werden zunächst die Reste der Gebärmutterschleimhaut mit der Regelblutung abgestoßen und die Gebärmutterschleimhaut neu aufgebaut. Parallel reifen mehrere Eizellen in den beiden Eierstöcken heran, wobei sich bis zum Eisprung ein sogenannter Leitfollikel durchsetzt. Diese Eizelle im eigenen Eibläschen, ihrem Follikel, ist in der Regel die einzige Eizelle, die ausreift und zum sogenannten Eisprung bereit ist. Etwa an Tag 14 in einem 28-Tage-Zyklus springt die Eizelle. Das bedeutet, sie wird aus dem Follikel freigesetzt und beginnt ihre Wanderung in die Gebärmutter.

Die zweite Zyklushälfte dient dazu, deine Gebärmutterschleimhaut weiter reifen zu lassen und sechs bis zehn Tage nach dem Eisprung deine hoffentlich befruchtete Eizelle darin einwachsen zu lassen. Diesen Moment nennt man Einnistung, auch wenn sich im Laufe deiner frühen Schwangerschaft die Einnistung vertieft.

Je nachdem, wie lange das Ausreifen deiner Eizelle dauert, kann die erste Zyklushälfte unterschiedlich lang sein. Im Gegensatz dazu sollte die zweite Zyklushälfte im besten Fall regelmäßig 14 Tage lang sein, wobei 12 bis 16 Tage noch im Toleranzbereich liegen. Wenn deine erste oder zweite Zyklushälfte manchmal oder regelmäßig kürzer als 10 Tage ist, solltest du mit deiner Frauenärztin beziehungsweise deinem Frauenarzt darüber sprechen. Denn wenn deine erste oder zweite Zyklushälfte zu kurz ist oder auch kein Eisprung stattfindet, kann das ein Hinweis auf eine Hormonstörung sein und damit eine mögliche Ursache für das Ausbleiben deiner Schwangerschaft.

An dieser Stelle betone ich noch einmal, wie wichtig es ist, den eigenen Zyklus regelmäßig, zum Beispiel mit den Methoden der natürlichen Familienplanung, NFP, zu beobach-

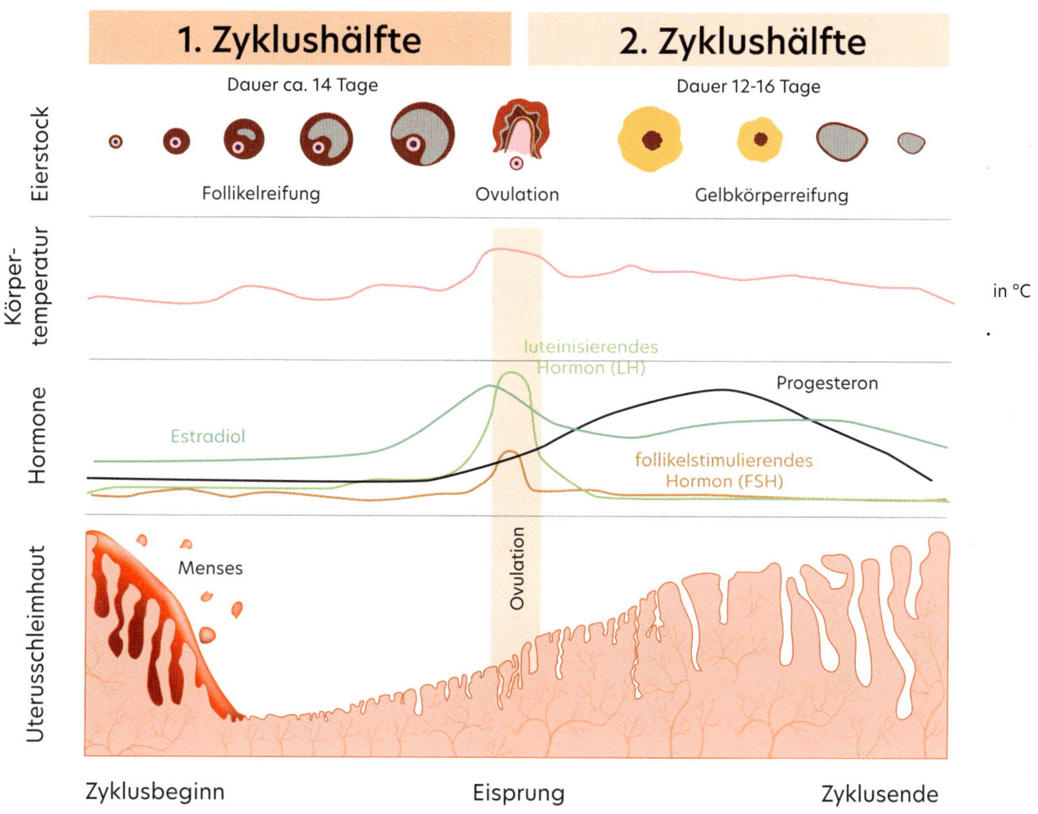

ten und den Eisprung zu bestimmen, denn dann kannst du selbst deinen Zyklus besser einschätzen und die Chancen für eine Befruchtung durch Verkehr vor deinem Eisprung verbessern. Einen 28-Tage-Bilderbuchzyklus mit einem Eisprung an Tag 14 haben übrigens nur 40 % der Frauen. Die überwiegende Anzahl der Frauen hat also einen etwas kürzeren oder längeren Zyklus und ist in der Regel auch fruchtbar. Eine Zykluslänge zwischen 25 und 35 Tagen gilt als normal.

Ganz offiziell werden in der Medizin aber nicht zwei, sondern vier Zyklusphasen unterschieden. Die ersten drei Zyklusphasen sind die Menstruationsblutung, die Follikelreifung und die Eisprungphase. Die vierte Phase entspricht in großen Teilen der zweiten Zyklushälfte. Bei einem 28-Tage-Zyklus verteilen sich die vier Phasen wie folgt:

1. **Menstruation, auch Perioden- oder Regelblutung genannt (Tag 1 bis 5)**
   Der erste Tag der Regelblutung gilt als erster Tag in deinem weiblichen Zyklus. Er wird erst als Zyklustag 1 bezeichnet, wenn deine Blutung richtig fließt, ein langsamer Beginn oder eine Schmierblutung zählt dabei noch nicht.

2. **Follikelphase oder auch proliferative Phase (Tag 6 bis 11)**
   Diese aufbauende (proliferative) Phase fördert das Wachstum der Gebärmutter-

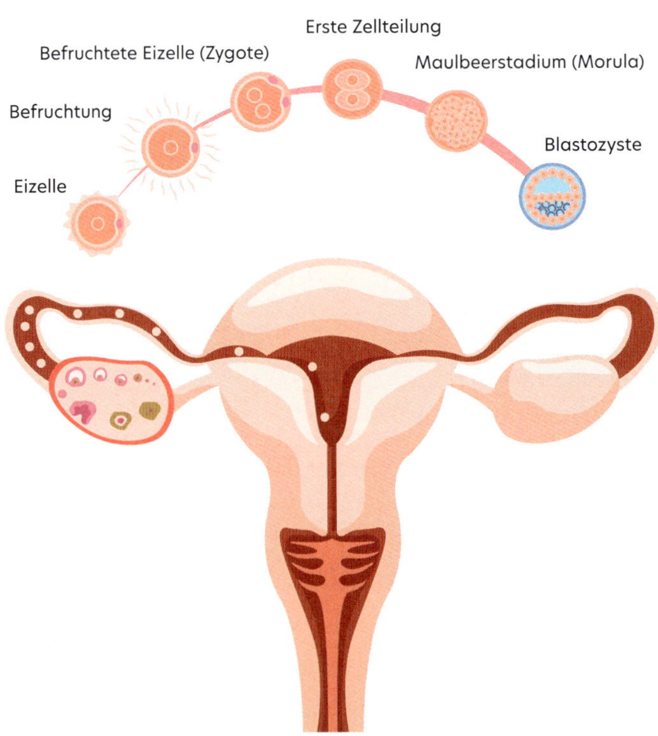

schleimhaut und der Follikel in deinen Eierstöcken mit den darin heranreifenden Eizellen. Wichtig in dieser Phase ist ein Östrogenanstieg.

3. Ovulationsphase, Eisprungphase (Tag 12 bis 17)
   In der Ovulationsphase setzt sich in der Regel nur eine Eizelle mit ihrem Leitfollikel durch. Dieser Follikel platzt und mit der Eizelle wird auch Luteinisierendes Hormon, LH, freigesetzt. Auch das Follikelstimulierende Hormon, FSH, steigt wie das LH in dieser Phase für kurze Zeit an. Die im Eierstock verbleibende Follikelhöhle wird zum sogenannten Gelbkörper und produziert Progesteron für die kommende vierte Zyklusphase. Die Körpertemperatur steigt rund um den Eisprung um etwa 0,5 °C an. Die frisch gesprungene Eizelle kann nun, je nach Qualität und Alter der Mutter, für etwa 24 Stunden befruchtet werden. Sie wandert drei bis fünf Tage durch den Eileiter zur Gebärmutter.

4. Lutealphase, Gelbkörperphase (Tag 18 bis 28)
   In der Lutealphase beeinflusst das Hormon Progesteron deinen Zyklus. In dieser Phase findet die Einnistung der befruchteten Eizelle in der Gebärmutter von Tag 6 bis 10 nach ihrem Eisprung statt. Nistet sich kein Ei ein, kommt es zum Absinken der Hormone LH und Progesteron, und die Körpertemperatur sinkt. Ist eine Einnistung erfolgt, dann bleiben die Körpertemperatur und der Progesteronwert hoch. In der Schwangerschaft steigt auch das Östrogen an.

Grundlagen der Fruchtbarkeit: die hormonelle Balance

Es gibt viele Ursachen, die das hormonelle Gleichgewicht im Zyklus stören. Dein Zyklus kann dadurch kürzer oder länger geworden sein und auch die Eizellreifung, dein Eisprung oder die Einnistung betroffen werden. Auch Infektionen oder Krankheiten können auftreten und die Fruchtbarkeit stören. Am Ende des Buches gehe ich auf einige bekannte Beispiele ein. Aus medizinischer Sicht ist nicht nur das Vorhandensein und Gleichgewicht der weiblichen und männlichen Hormone wichtig, sondern auch andere Hormone wie Insulin, Schilddrüsen- oder Stresshormone beeinflussen die Geschlechtshormone und spielen für die Fruchtbarkeit eine wichtige Rolle.

Bei einer Untersuchung werden zunächst die Geschlechtsorgane durch Betrachten, Abtasten, Abstriche und Ultraschall untersucht, ergänzt durch erste Laboruntersuchungen. Bei der Frau sollten auch im Laufe des Zyklus mehrere Untersuchungen gemacht werden, um die natürlichen Schwankungen während der verschiedenen Zyklusphasen zu bewerten.

Diese sogenannte Zyklusdiagnostik beginnt an Tag 3 bis 5 eines neuen Zyklus mit einer Blutentnahme. Etwa in der Mitte des Zyklus, wenn der Eisprung erwartet wird, findet eine zweite Untersuchung mithilfe von Ultraschall und Laborwerten statt, gefolgt von der dritten, etwa in der Mitte der Lutealphase, wenn die Einnistung der befruchteten Eizelle stattfinden soll. In dieser Untersuchung werden erneut Hormonwerte gemessen und parallel ein Ultraschall gemacht, um die sogenannte Dreischichtigkeit der Gebärmutterschleimhaut zu messen.

Bei einer hormonellen Untersuchung werden auch die Hormone der Schilddrüse, des Zuckerstoffwechsels, der beiden Nebennieren und der Hirnanhangdrüse bewertet. Ihre Hormone beeinflussen den Zyklus und die Fruchtbarkeit bei Mann und Frau direkt oder indirekt. Leider können auch Stresshormone indirekt die Fruchtbarkeit beeinflussen. Viele Menschen stehen unter bewusstem und unbewusstem Stress. Das Gedankenkarussell, Traumata und unsere Umgebung aktivieren dann die Ausschüttung von Stresshormonen. Auch Kaffeegenuss oder andere koffeinhaltige oder anregende Getränke setzen Stresshormone frei und haben damit Auswirkungen auf den gesamten Körper. Stress beeinflusst und verändert nachweislich auch das wichtige Mikrobiom und dein Immunsystem.

Durch den Anstieg von Stresshormonen kann die Ausschüttung des Hormons Prolaktin ansteigen. Prolaktin, PRL, wird in der Hirnanhangdrüse produziert und ist an der Regulierung verschiedener hormoneller Funktionen und unter anderem an der Milchbildung beteiligt, wenn du ein Baby stillst. Hohe Prolaktinspiegel können zu Zyklusstörungen führen und den Eisprung erschweren. Auch die Regulation und der Spiegel von Schilddrüsenhormonen TSH, T3 und T4 kann durch das Stresshormon Cortisol beeinflusst werden. Jedoch auch andere Ursachen führen gar nicht so selten zu Schilddrüsenerkrankungen, welche die Fruchtbarkeit von Mann und Frau und die Schwangerschaft beeinflussen können. Insgesamt ist es für deine Gesundheit und Fruchtbarkeit wichtig, den Stresslevel zu beachten und gegebenenfalls für einen Ausgleich durch Bewegung, Freude und Entspannung zu sorgen.

Beste Voraussetzungen für die Empfängnis

Zu den Voraussetzungen, die das Eintreten einer Schwangerschaft verbessern, gehören zwei gesunde Partner mit einem ausgeglichenen Hormon- und Immunsystem. Sehr gute Voraussetzungen bringst du als Frau im Grunde mit, wenn du eine schmerzfreie Regelblutung mit mittelviel Menstruationsblut hast. Wie sieht eine normale Regelblutung eigentlich aus? Sie dauert etwa drei bis sieben Tage. Das Blut sieht relativ frisch-rot aus und fließt in den ersten ein bis zwei Tagen gut. Danach kann die Regelblutung etwas dunkler werden, denn das Blut gerinnt. Du hast keine großen begleitenden Beschwerden wie Schmierblutungen, Kopfschmerzen oder emotionale

Schwankungen. Nach sieben Tagen ist deine Regelblutung vorbei.

Du hast deutliche körperliche Zeichen für einen Eisprung wie vermehrten Ausfluss und spinnbaren Zervixschleim und direkt danach eine Temperaturerhöhung um 0,5 °C, die mindestens 10 Tage und idealerweise 14 Tage lang andauert. Du hast keine Zwischen- oder Schmierblutungen im Zyklus oder vor der Menstruation. Und du hast auch keine anderen Zeichen für ein hormonelles Ungleichgewicht wie zum Beispiel Schlafstörungen, Akne, Prämenstruelles Syndrom, zyklusabhängige Kopfschmerzen, Schmerzen vor oder bei der Regelblutung, Ängste oder starke emotionale Schwankungen. Du bist gesund, genau wie dein Partner, und du weißt oder gehst davon aus, dass die Spermien deines Partners fit sind.

Der Zeitpunkt deines Eisprungs ist für die Empfängnis ein wichtiger Moment im weiblichen Zyklus. Diesen Zeitpunkt solltest du unbedingt kennen, wenn du sobald wie möglich schwanger werden möchtest. Dann kannst du Verkehr zum optimalen Zeitpunkt haben, was vielen Paaren hilft, ihre Chancen, schwanger zu werden, zu verbessern. Viele wissen leider gar nicht, wann genau ihr Eisprung stattfindet und dass sie nur zu diesem Zeitpunkt im Zyklus für ein bis zwei Tage fruchtbar sind. Eine längere fruchtbare Zeit kommt daher zustande, dass die Spermien drei bis fünf Tage überleben und schon fünf Tage vor dem Eisprung und noch einen Tag nach dem Eisprung in der Lage sind, die Eizelle zu befruchten. Zusätzlich kann ein Zyklus auch durch unterschiedliche Faktoren wie beispielsweise Stress, Schlafstörungen, Erkrankungen, Medikamente und vieles mehr in seinem Rhythmus beeinflusst werden.

Da es mitunter sehr schwierig sein kann, den eigenen Eisprung zu erkennen, gibt es hilfreiche Messmethoden wie zum Beispiel einen LH-Test, bei dem das Luteinisierende Hormon LH rund um den Zeitpunkt des Eisprungs gemessen wird. Leider funktioniert der LH-Test nicht bei jeder Frau zuverlässig, und häufig erkennst du zu spät, dass dein Eisprung stattgefunden hat, denn am besten solltet ihr kurz vor dem Eisprung miteinander verkehren. Daher kannst du auch mit einem kombinierten LH- und Östrogentest deinen Eisprung genauer vorhersagen. Am besten konzentrierst du dich parallel dazu auf deinen Körper, denn dieser ist ein wahres Wunderwerk und zeigt dir recht deutlich, wann dein Eisprung stattfindet.

Einige natürliche Anzeichen für den kommenden Eisprung sind: Dein Ausfluss aus der Scheide verändert sich. Er wird klarer, mehr und spinnbar. Dein Muttermund wird weich und senkt sich etwas ab. Du kannst lernen, ihn selbst zu ertasten. Falls du deine Körpertemperatur misst, wird deine Temperaturkurve kurz vor dem Eisprung leicht abfallen und danach idealerweise über drei Tage um je 0,2 °C ansteigen. Um eine Chance zu haben, das so genau zu verfolgen, nutze ein sogenanntes Basalthermometer, um deine Körpertemperatur zu bestimmen. Manche Frauen spüren auch ihren Eisprung durch den sogenannten Mittelschmerz. Allerdings kann dieser Schmerz sich vor, bei oder nach dem Eisprung einstellen und ist daher kein sicheres Eisprungzeichen. Andere Frauen spüren an ihrer Libido und anderen körperlichen Zeichen, dass es so weit ist. Und gerade wenn du solche Merkmale noch nicht an dir wahrnimmst oder dein Zyklus sehr unregelmäßig ist, dann achte zukünftig auf all das, denn diese Zeichen deiner fruchtbaren Tage können sich mit der verbesserten Ernährung bei dir noch zeigen.

Dein natürlicher Mondzyklus

Aus kultureller Sicht und aus der Sicht der ganzheitlichen und Traditionellen Chinesischen Medizin, TCM, folgt jede Frau ihrem eigenen Mondzyklus. Der Einfluss des Mondes auf die Welt des Menschen und auf die Frau ist in jeder Kultur überliefert und bekannt. Aus der Sicht der ganzheitlichen Medizin entspricht die Zykluslänge der Länge eines Mondzyklus, nämlich 28 Tage.

Die zunehmende Mondphase entspricht dabei der ersten Zyklushälfte bis zum Eisprung und in der TCM dem sogenannten Yin, der eher materielleren Phase. Die abnehmende Mondphase der zweiten Zyklushälfte reicht vom Eisprung bis zur Menstruation. In der TCM entspricht sie dem Yang, der energetischeren Phase. Auch wenn nicht jede Frau genau im 28-tägigen Mondzyklus tickt, so werden dennoch die rhythmischen Prozesse des Auf- und Abbaus übertragen. Jede Frau folgt ihrem eigenen, inneren Mond.

Zur Yin-Phase, dem zunehmenden Mond in deinem Zyklus, gehören das An- und Abfluten von Körpersäften wie zum Beispiel das Abbluten bei der Menstruation und der darauf folgende Aufbau der Gebärmutterschleimhaut und das Heranreifen von Eizellen in der ersten Zyklushälfte. Es geht ganz offensichtlich darum, neue Materie aufzubauen.

Zur Yang-Phase, dem abnehmenden Mond in deinem Zyklus, gehören die Bewegung und Erhöhung der Dynamik der chinesischen Energieform Qi, wie zum Beispiel beim Platzen des Follikels, dem Eisprung, sowie bei der Temperaturerhöhung in der zweiten Zyklushälfte. Es geht in der Yang-Phase also um nichts Sichtbares, sondern um eine Energieform, die wirksam ist. Genauso, wie es der Natur ergeht, sollte sich auch eine zyklusphasengerechte Ernährung verhalten.

In der ersten Zeit werden Säfte und Materie gestärkt und zum Beginn der zweiten Zyklusphase Energien verstärkt und die Temperatur über längere Zeit unterstützt. Die vier Zyklusphasen der modernen Medizin gibt es in der TCM schon seit Jahrtausenden, wie die nebenstehende Grafik zeigt. Yin und Yang werden selbst in klein und groß unterteilt. Es werden das sogenannte Große Yin und das Kleine Yin sowie das Große Yang und das Kleine Yang unterschieden. Diesen vier Zuordnungen von Yin und Yang werden den vier Zyklusphasen Menstruation, Follikelphase, Ovulation und Lutealphase zuge-

ordnet. Passend zu den vier Zyklusphasen wurden in der TCM seit jeher Ratschläge erteilt. Den Frauen werden verschiedene Verhaltensweisen, Ernährungsvorschläge oder auch Akupressurpunkte empfohlen, mit denen sie ihre Zyklusphasen unterstützen können. Auch du kannst heute mithilfe dieser Ratschläge deinen Zyklus verbessern und die unterschiedlichen Zyklusphasen unterstützen. Am Ende des Buchs (Seite 175) findest du einen Hinweis zu einem Akupressurkonzept, mit dem du deinen Zyklus mit Fingerdruckmassage an verschiedenen Körperpunkten phasengerecht unterstützen kannst.

ZYKLUSPHASEN UND ERNÄHRUNG

Unterstütze dein hormonelles Gleichgewicht

Um dich insgesamt gesünder und mehr in Harmonie mit deinem Zyklus zu fühlen, solltest du Abläufe und Zeiträume deiner Zyklusphasen kennen. Dadurch erkennst du, was bei dir möglicherweise im Ungleichgewicht ist, und kannst mit der Ernährung und mit deinem Lebensstil Einfluss darauf nehmen.

Hormone sind in unserem Körper in der Regel in einem Zusammenspiel organisiert und voneinander abhängig. So ist es auch im weiblichen Zyklus. Das bedeutet am Beispiel der ersten und zweiten Zyklushälfte, dass du ohne eine gute erste Zyklushälfte keine ausreichend hohen Hormonspiegel in der zweiten Zyklushälfte erreichen kannst. Gleichzeitig müssen die Hormone, die eben noch gebraucht wurden, wie beispielsweise das Östrogen in der ersten Zyklushälfte, zu Beginn der zweiten Zyklushälfte abgebaut werden, damit sie die Progesteronphase in der zweiten Zyklushälfte nicht stören können. Dazu benötigst du eine gute Entgiftungsfunktion in der Leber und eine gute Verdauungsfunktion, damit die ausgeschiedenen Abbauprodukte des Östrogens nicht wieder aufgenommen werden. Dieser sogenannter Re-Entry-Mechanismus von Östrogen aus dem Darm erhöht die Östrogenbelastung, kann zu einer sogenannten Östrogendominanz beitragen und belastet die Entgiftungswege der Leber zusätzlich.

Eine Östrogendominanz kommt in der Praxis leider häufig vor. Frauen klagen dann zum Beispiel über Hitzewallungen, Brustspannen, Ödeme, Libidoverlust, Menstruationsstörungen wie sehr viel Blut und lange Blutungen oder eine verlängerte oder verkürzte erste Zyklushälfte, Schmierblutung mitten im Zyklus, Stimmungsschwankungen, Erschöpfung, Zysten in Eierstöcken und Brüsten, Haarausfall, häufige Kopfschmerzen, Fetteinlagerungen an Hüften, Gesäß und Bauch oder haben Myome in der Gebärmutter. Grundsätzlich benötigt der Körper für die Entgiftung B-Vitamine, Eisen, Magnesium, Zink, Mangan, Kupfer und andere Vitalstoffe, die alle in den Rezepten in diesem Buch enthalten sind. Für die Darmgesundheit sind Ballaststoffe, Prä- und Probiotika wichtig, auf die in allen Rezepten ebenfalls großer Wert gelegt wurde.

Als Pendant zur Östrogendominanz kann es einen sogenannten relativen Progesteronmangel geben. Das bedeutet, dass du eigentlich ausreichend Progesteron hast, aber die Relation zu Östrogen nicht mehr passt. Von einem absoluten Progesteronmangel wird gesprochen, wenn dein Körper zu wenig Progesteron produziert, was mit dem Beginn der Wechseljahre ganz normal wäre. Absoluter Progesteronmangel und Gelbkörperschwäche werden oft als Synonyme verwendet. Solltest du also feststellen, dass du möglicherweise einen Progesteronmangel hast, dann denke bitte daran, vor allem in der ersten Zyklushälfte viel für die Follikelreifung und den Eisprung zu tun, denn das verbessert ganz natürlich die Progesteronproduktion. Du brauchst Progesteron, um deinen Östrogenspiegel auszubalancieren und damit die Grundlagen für die Einnistung zu schaffen. Durch Progesteron wird eine Umwandlung der Gebärmutterschleimhaut initiiert, die zur Einnistung und für den Erhalt einer gesunden Schwangerschaft notwendig ist. Damit du ausreichend Progesteron produzierst, brauchst du eine erste Zyklushälfte mit einer guten Eizellreifung und einem Eisprung, denn die zurückbleibende Follikelhöhle produziert das Progesteron. Wie du erkennst, ob du einen Eisprung hattest, erfährst du ab Seite 27 im Kapitel »Beste Voraussetzungen für die Empfängnis«. Wenn du nicht ausreichend viel Progesteron produzierst, kannst du einige der folgenden Symptome oder auch mehrere der folgenden Symptome bekommen oder haben: Prämenstruelles Syndrom, Krämpfe, eine schmerzhafte Regelblutung, eine starke Regelblutung, hormonabhängige Kopfschmerzen, Reizbarkeit, Ängste, schlechter Schlaf, empfindliche Brüste, Zwischenblutungen, Schwierigkeiten, schwanger zu werden,

Abortneigung oder ungewollte Kinderlosigkeit. Progesteron hat nicht nur eine große Bedeutung im weiblichen Zyklus und in der Schwangerschaft, sondern auch in vielen anderen Körperbereichen. Es wirkt an der Gebärmutterschleimhaut und bereitet die Oberfläche für die Einnistung vor. Progesteron hat eine lösende Wirkung gegenüber Ängsten und hilft, ganz natürlich zu entspannen. Es bindet an bestimmte Rezeptoren in Geweben, einschließlich der glatten Muskulatur, die in Organen der Gebärmutter und in den Atemwegen vorkommen. Es hat auch allgemein muskelentspannende Effekte und kann Krämpfe und auch Verstopfungen lösen.

Nicht immer ist ein Progesteronmangel leicht von einer Östrogendominanz zu unterscheiden, deshalb sind Labortests manchmal sehr hilfreich, um deinen Zyklus in die richtige Richtung zu lenken. An dieser Stelle möchte ich dich noch einmal ermuntern, vor allem deine erste Zyklushälfte mit deinen Möglichkeiten, Ernährung, Stressabbau und Bewegung betreffend, zu unterstützen, damit du auf natürliche Weise in ein hormonelles Gleichgewicht kommst. Solltest du ein Progesteron-Präparat einnehmen, dann solltest du wissen, dass deine Eizellreifung in der ersten Zyklushälfte möglicherweise ebenfalls Unterstützung benötigt und dir mit dem Präparat noch nicht hundertprozentig geholfen ist.

Nachdem du das jetzt alles weißt, möchte ich dir sagen, dass es Frauen, die eine Kinderwunschernährung wie in diesem Buch erklärt machen, die sich gegebenenfalls sogar zusätzlich den verschiedenen Phasen im weiblichen Zyklus individuell anpasst, häufig besser denn je geht! Die Verbesserungen durch die Ernährungsumstellung betreffen nämlich nicht nur die körperlichen Aspekte wie die Harmonisierung deiner Zyklusphasen oder das Ausbleiben bekannter Beschwerden. Nein, sie betreffen auch deine Emotionen und dein Energieniveau, was sich ebenfalls verbessert. Mithilfe einer zyklusphasengerechten Ernährung werden die körperliche und die emotionale Gesundheit unterstützt. Schon durch einige leichte Veränderungen kannst du bereits nach kurzer Zeit den positiven Einfluss der neuen Ernährungsweise bei dir wahrnehmen. Diese erfreulichen Veränderungen möchte hinterher keine Frau mehr missen. Glaub mir, es ist fast wie ein Wunder, was du für dich mit einer optimierten und zyklus- oder zyklusphasengerechten Ernährung erreichen kannst.

Einfacher Einstieg in die zyklusphasengerechte Ernährung: Seed-Cycling

Seed-Cycling ist eine einfache Methode, um sich an die zyklusphasengerechte Ernährung zu gewöhnen und diese erst einmal auszuprobieren. Der Begriff setzt sich zusammen aus dem englischen Wort Seed für Samen und Cycling, was so viel wie »im Rhythmus mit dem Zyklus gehen« bedeutet. Direkt übersetzt würde es wohl zyklisches Samenessen heißen.

In den vier Zyklusphasen isst du tatsächlich vier verschiedene Samen und Körnerarten: Leinsamen, Kürbiskerne, Sonnenblumenkerne und Sesam. Samen und Körner sind kleine Vitalstoffbomben, in denen bestimmte wertvolle Öle, Vitamine und Nährstoffe für die Hormonproduktion und -regulation enthalten sind. Du kannst mit dieser kleinen Anpassung deinen Zyklus zielgerichtet unterstützen. Wie du inzwischen vielleicht wahrgenommen hast, ist Seed-Cycling nur ein Teil der Möglichkeiten, wie du deine oder eure Fruchtbarkeit und Gesundheit unterstützen kannst und die Grundlagen für eine Schwangerschaft verbesserst. Und dennoch fördert Seed-Cycling das Bewusstsein für die Chancen der zyklusphasengerechten Ernährung und ist ein wundervoller Einstieg in dieses Thema. Nur um es noch einmal klarzustellen: Alles, was in diesem Buch vorgestellt wird, ist zyklusgerecht und hilft dir, dich in deiner Kinderwunschzeit optimal zu ernähren. Um für mehr Harmonie zwischen den Zyklusphasen zu sorgen, kannst du dich zyklusphasengerecht ernähren.

Um Seed-Cycling zu machen, solltest du deinen Zyklus also in die vier Zyklusphasen unterteilen. Wenn du dir noch nicht ganz sicher bist, welche Phase wann stattfindet, dann gehe erst vom Durchschnitt deiner bisherigen Zykluslänge aus. Mach dir am besten eine Zeichnung und trage auch den Beginn des aktuellen Zyklus mit Datum ein. Drei Phasen in deinem Zyklus kannst du wahrscheinlich gut einteilen: die Menstruation mit etwa fünf Tagen, die zwölf Tage lange Lutealphase und die fünf Tage vor der Lutealphase, die Eisprungphase. Die übrig bleibenden Tage teilst du der Follikelphase, der zweiten Phase zu. 22 Tage sind damit bereits vergeben, und das Fragezeichen ersetzt du durch die Differenz deiner durchschnittlichen Zykluslänge minus dieser 22 Tage.

Phase 1: Menstruation = fünf Tage

Phase 2: Follikelphase = ?

Phase 3: Eisprung = fünf Tage

Phase 4: Lutealphase = zwölf Tage

Hier zwei Beispiele dazu. Beispiel eins: Du hast eine durchschnittliche Zykluslänge von 28 Tagen, dann sind 28 Tage minus 22 Tage 6 Tage. Das bedeutet, dass du, solange du es nicht noch genauer weißt, davon ausgehst, dass deine Follikelphase 6 Tage lang ist. Beispiel zwei: Du hast eine mittlere Zykluslänge von ca. 33 Tagen, dann ziehst du von diesen 33 Tagen 22 Tage ab. 11 Tage ist die so geschätzte Länge deiner Follikelphase.

Jetzt bekommst du noch einige Tipps, damit das Seed-Cycling für dich gut funktioniert. Weiche die Samen vor dem Essen mehrere Stunden ein, wenn du zu Verdauungsproblemen neigst, und schütte das Wasser anschließend weg. Das reduziert den Gehalt der natürlich vorkommenden Phytinsäure, die zu Verdauungsstörungen und Absorptionsproblemen führen kann. Füge die Samen deinem Müsli oder Smoothie hinzu, nutze sie als Topping von Salaten, in Suppen oder Currys. Achte beim Einkauf auf Bioqualität, damit du keine unerwünschten Gifte zu dir nimmst. Perfekt wäre es, wenn du die Samen täglich frisch mahlst, denn die Schalen sind für unsere Verdauung schwer zu knacken und an die Nährstoffe kommen wir deswegen nicht so einfach heran. Inzwischen gibt es dazu viele passende handliche Getreide-

Menstruationsphase 1

1 EL Leinsamen*

Leinsamen enthalten unter anderem Omega-3, Magnesium, Eisen, Zink, Schwefel, Kalium, verschiedene Aminosäuren wie Tryptophan und Phytoöstrogene

Follikelphase 2

1 EL Kürbiskerne

Kürbiskerne enthalten unter anderem Omega-3, Kalium, Phosphor, Magnesium, Kalzium, Eisen, Kupfer, Mangan, Selen, Zink, die Vitamine A, B1, B2, B6, C, D und E und verschiedene Aminosäuren wie Tryptophan

Eisprungphase 3

1 EL Sonnenblumenkerne

Sonnenblumenkerne enthalten unter anderem Vitamin A, Vitamin E, viele B-Vitamine, Vitamin D und K, Eisen, Kalzium, Kalium, Magnesium, Selen, Zink und Mangan und verschiedene Aminosäuren wie Tryptophan

Lutealphase 4

1 EL Sesamsamen

Sesamsamen enthalten unter anderem Eisen, Kalzium, Vitamin B1, B2 und B6, Vitamin E und Magnesium, Phosphor, Kalium und verschiedene Aminosäuren wie auch Tryptophan

*Leinsamen können mit Hormonpräparaten, Blutverdünnern und Diabetes-Medikamenten interagieren. Besprich dies gegebenenfalls mit einem Arzt oder einer Ärztin.

mühlen, die du nutzen kannst. Halte das Seed-Cycling mindestens 100 Tage durch und beobachte den Effekt, den es auf dich und deinen Zyklus hat.

Zyklusphasengerecht unterstützen durch Ernährung und Lebensstil

Wie bereits im Kapitel »Dein natürlicher Mondzyklus« (Seite 28) beschrieben, spielen im weiblichen Zyklus verschiedene körperliche und energetische Anteile eine große Rolle. In der ersten Zyklusphase, in der aus eigenen Körpersäften eine neue Gebärmutterschleimhaut aufgebaut wird und neue Eizellen heranwachsen, benötigt der Körper aus Sicht der ganzheitlichen und Traditionellen Chinesischen Medizin vor allem Yin, also materielle Güter. Zum Auftakt der zweiten Zyklushälfte mit dem Eisprung und der darauf folgenden Temperaturerhöhung in der Gelbkörperphase wird vor allem die Energiebereitstellung im Körper gefordert, was aus Sicht der Chinesischen Medizin dem Yang und der freien Körperenergie Qi entspricht. Yin, Yang und Qi sind also in den Zyklusphasen unterschiedlich stark für deine Fruchtbarkeit aktiv. Dazu kommt ein weiterer Faktor, das sogenannte Jing hinzu. Das Jing steht für deine eigenen genetischen Anlagen und ist ein Indikator für die Qualität deiner Eizellen oder Spermien.

Indem du mithilfe bestimmter Lebensmittel und Zubereitungen deine natürlichen Körperfunktionen unterstützt, kannst du aus Sicht der TCM das Yin, Yang, Qi und sogar das Jing unterstützen. Therapeut*innen für Traditionelle Chinesische Medizin tun dies auch, indem sie zum Beispiel deine Energieflüsse mit Akupunktur aktivieren und mithilfe der chinesischen Kräutermedizin und der chinesischen 5-Elemente-Ernährung die Körpersäfte unterstützen.

Mein Tipp: Wenn du dich dafür interessiert, findest du am Ende des Buchs den Link zu einem Massagekonzept mit vier Akupressurpunkten für die vier Zyklusphasen (Seite 175). Damit kannst du deinen Zyklus und deine Fruchtbarkeit selbst noch mehr unterstützen.

Die für deinen Zyklus und die Fruchtbarkeit zuträglichen Eigenschaften finden sich nicht nur in der Qualität deines Blutes, im Blutfluss oder in der grundsätzlichen Energie, die dein Körper bereitstellt. Es geht in der TCM ebenfalls darum, wie du in deinem Leben insgesamt mit deinen Säften und Kräften umgehst und ob du deinen Körper in seinen Aufgaben unterstützt. Das bedeutet gleichzeitig, dass du mit deinem Lebensstil für oder gegen deinen Zyklus arbeiten kannst. Vielleicht ist dir das eher unbewusst schon begegnet und du spürst, dass bestimmte Dinge dir zu bestimmten Zyklusphasen leichter oder schwerer fallen. Ab sofort kannst du bewusster selbst für ein besseres Gleichgewicht in deinem Zyklus sorgen. Du kannst deinen Lebensstil nicht nur in der Ernährung deinen Zyklusphasen anpassen. Auf diese Weise steuerst du deine Energien gezielter und balancierst deinen Zyklus besser aus. Das wirst du emotional, energetisch, im Immun- und Hormonsystem merken und es kommt deiner Fruchtbarkeit zugute.

Auf den Folgeseiten siehst du eine Tabelle, die veranschaulicht, was aus ganzheitlicher Sicht in welcher Zyklusphase hilfreich ist.

Während der ersten Zyklusphase, deiner Menstruation, solltest du dir keine starke körperliche Belastung zum Beispiel beim Sport zumuten, ganz besonders dann nicht, wenn du dich schwach fühlst. Du solltest dich in dieser Zeit eher erholen, zurückblicken und vielleicht Yoga oder nur leichte Work-outs oder Spaziergänge machen.

In deiner zweiten Zyklusphase, der Follikelphase, darfst du dich gerne bewegen und körperlich verausgaben, um dein Blut in Bewegung und im Fluss zu halten. Jetzt darfst du gern stärkere körperliche Anstrengung zum Beispiel beim Sport auf dich nehmen, wenn du das möchtest.

In der dritten Zyklusphase rund um deinen Eisprung darfst du ebenfalls gerne intensiv Sport treiben und deine Energie in Bewegung bringen, denn das unterstützt auch deinen Eisprung.

Dagegen solltest du in der vierten Zyklusphase, der Gelbkörper- oder Lutealphase, wieder etwas gemäßigter Sport machen. Leichtere Work-outs, Yoga und längere Spaziergänge lassen deinem Körper die Energie, die er in der zweiten Zyklushälfte braucht.

Manchen Frauen, die intensiven Sport treiben, muss mitunter sogar davon abgeraten werden, wenn dieser den Körper auslaugt und Kräfte verbraucht, die in der Fruchtbarkeit benötigt werden. Andere Frauen brauchen demgegenüber insgesamt mehr körperliche Bewegung und sportliche Belastung, um den Blutfluss und die eigene Energieproduktion anzuregen und den Körper in Schwung zu bringen.

Nicht nur in der Traditionellen Chinesischen Medizin werden auch geistige Aktivitäten den verschiedenen Zyklusphasen zugeordnet. So werden in der ersten Zyklushälfte bis zum Eisprung Dinge hauptsächlich in Ruhe und im Hintergrund geplant und durchdacht, während in der zweiten Zyklushälfte, der energiereichen Phase, Dinge sichtbar umgesetzt und getan werden sollten. Anders ausgedrückt heißt das, dass die erste Zyklushälfte im besten Fall dazu da ist, zu organisieren, zu reflektieren oder etwas zu lernen, während in der zweiten Zyklushälfte eher Menschen getroffen, Partys gefeiert oder Vorträge gehalten werden. Wenn du dies bei dir beobachtest und in Zukunft beispielsweise in deinem Zyklustagebuch niederschreibst und reflektierst, dann achte auch darauf, ob dich Aktivitäten in der ersten Zyklushälfte mehr ermüden als in der zweiten oder ob du dich in deiner ersten Zyklushälfte besser konzentrieren kannst als in der zweiten, in der du jetzt mehr Lust auf Unternehmungen hast.

Neustart, Menstruationsphase, Kleines Yin, Neumond

- Abbruchblutung
- Neu-Aufbau der Schleimhaut

Gebraucht werden aus ganzheitlicher Sicht gute Qualität und Fließeigenschaften der Körpersäfte mit dem Blut, welche die Zielorgane leicht erreichen und aufbauen. Dem Körper sollten leicht verdauliche Speisen angeboten werden, die auch durch den Kochvorgang leichter verdaulich und warm sind. Um das Jing zu stärken, sollte die Entgiftung unterstützt und mit den eigenen Kräften gut gehaushaltet werden. Ein leichtes warmes Frühstück, viel proteinreiches Grünes und frisches Wasser helfen jetzt.

Erholung, Yoga, leichte Work-outs, Spaziergänge, Rückblick, Organisieren, Planen, Lernen

Vorbereitungsphase, Follikelphase, Großes Yin, zunehmender Mond

- Heranreifen der Eizellen
- Vorbereitung für den Eisprung

Gebraucht werden aus ganzheitlicher Sicht eine gute Blutzufuhr in der Schleimhaut sowie ein qualitativ gutes Jing, das der Eizellqualität zuträglich ist. Dem Körper sollten gute Baustoffe zur Verfügung stehen, um die neuen Gewebe in guter Qualität wachsen zu lassen. Unterstütze den Darm und die Entgiftung mit Ballaststoffen und iss proteinreich, um wichtige Baustoffe zu liefern.

In Schwung kommen, mehr Sport mit höherer Belastung, Organisieren, Reflektieren, Planen, Lernen

Entspannte Empfängnisphase

Lutealphase (Gelbkörperphase), Großes Yang, abnehmender Mond

- Umbau der Gebärmutterschleimhaut für die Einnistung
- Temperatur hoch halten (Hochlage)

Gebraucht wird aus ganzheitlicher Sicht ausreichend Yang zur Temperaturerhöhung und zum Reifen der Gebärmutterschleimhaut für die Einnistung. Für die lange Phase mit erhöhtem Energieniveau eignen sich Speisen, die zum Teil lange gekocht wurden, wie Reis-, Kohl- oder chinesische Kraftsuppen. Warmes Essen oder warme Getränke sind jetzt grundsätzlich hilfreich.

Leichter Sport, Yoga, Spaziergänge

Aktive Unruhe, Eisprungphase, Kleines Yang, Vollmond

- Eisprung
- Temperaturanstieg

Gebraucht wird aus ganzheitlicher Sicht ausreichend frei verfügbare Energie (Qi) für den Eisprung und zum Übergang in die Lutealphase. Dazu benötigst du ausreichend Yang zur Temperaturerhöhung. Du brauchst jetzt eine extra Portion Energie, um den Eisprung anzuregen. Dazu kannst du verschiedene Kräuter nutzen, vermehrt warm und scharf essen.

Sport mit hoher Belastung, Ausgehen, Menschen treffen, Umsetzen, aktiv sein

Nährstoffe und Lebensmittel für jede Zyklusphase

Für die jeweiligen Aufgaben der vier Zyklusphasen werden einige Nährstoffe in erhöhter Menge gebraucht. In einer zyklusphasengerechten Ernährung werden daher Lebensmittel, die hohe Mengen der benötigten Nährstoffe beinhalten, vermehrt gegessen. In der folgenden Tabelle findest du eine Übersicht über die zyklusphasengerecht benötigten Nährstoffe:

Einige Lebensmittel eignen sich aufgrund ihrer Inhaltsstoffe für bestimmte Zyklusphasen besonders gut und sind gleichzeitig reich an vielen Nährstoffen wie Vitaminen, Mineralien oder Spurenelementen, die egal, wann du sie zu dir nimmst, in deinem Körper gespeichert werden und dir in jedem Fall zugutekommen. Die den vier Zyklusphasen in diesem Buch zugeordneten Lebensmittel können das ideale Nähr- und Vitalstoffangebot passend zu jeder Zyklusphase gezielt erhöhen und ihre Aufnahme aus dem Darm durch das hohe Nährstoffangebot verstärken. Du findest eine entsprechende Lebensmitteltabelle im Anhang (ab Seite 170).

Menstruationsphase	Eisen, Vitamin C, Magnesium, Vitamin A und Vitamin B6 und dazu pflanzliche Östrogene, sogenannte Phytoöstrogene
Follikelphase	viele Aminosäuren in Form von Proteinen, Folsäure am besten als natürliches Folat aus der Ernährung, Vitamin C, Vitamin A sowie Zink
Eisprungphase	Aminosäuren in Form von Proteinen, natürliche Folsäure als Folat, Kalzium, Vitamin A, Vitamin C, Zink, und Selen
Lutealphase	Folsäure als natürliches Folat, Eisen, Kalium, Kalzium, Magnesium, Omega-3-Fettsäuren, Vitamin B6, Vitamin E und Vitamin A

DAS 4-WOCHEN-ERNÄHRUNGS-PROGRAMM

Vertraue auf die Ratschläge aus diesem Buch, iss vielfältig, protein- und ballaststoffreich und genieße dein Essen. Nutze die hier empfohlenen Rezepte und Lebensmittel, um deine Kinderwunschernährung ganz einfach zu verbessern. Diese Rezepte wurden zyklusphasengerecht sortiert, sodass du für die vier Zyklusphasen passende Rezepte findest. Du kannst alle Rezepte auch über den gesamten Zyklus genießen. Kein Rezept ist in irgendeiner Zyklusphase kontraindiziert. Bei allen Rezepten solltest du so viele Bioprodukte verwenden wie möglich. Nutze zum Braten zum Beispiel Kokosfett und für kalte Speisen Olivenöl oder Avocadoöl. Du kannst viele Rezepte durch Kombination der Gerichte als Vorspeise, Hauptspeise und Nachtisch vielfach nutzen.

Durch einfaches Umstellen der Beilagen oder durch kleine Veränderungen innerhalb der Rezepte kannst du mithilfe der Vitalstofftabelle im Anhang (Seite 170) dieses Buches jedes Gericht in ein für deine aktuelle Zyklusphase passendes verwandeln. Auf dieselbe Weise kannst du auch deine eigenen bekannten Rezepte verbessern und für die Kinderwunschzeit und deine Schwangerschaft optimieren. Solltest du bisher relativ viel Brot gegessen haben, dann versuche, das in Zukunft etwas aufzulockern.

Du kannst sowohl zum Frühstück als auch zum Abendessen proteinreiche Mahlzeiten mit Eierspeisen oder Gemüse zu dir nehmen. Auch eine Suppe, die du tagsüber gegessen hast, kannst du sehr gut abends mit etwas Brot genießen. Dasselbe gilt natürlich, wenn du mittags keine Möglichkeit hast, warm zu essen. Dann nimm Vorgekochtes mit, zum Beispiel eine Spinatquiche, einen Koriander-Linsen-Salat oder Pellkartoffelsalat mit Matjes.

REZEPTE FÜR ZYKLUSPHASE 1 (MENSTRUATION)

Bircher-Müsli mit Leinsamen und Obst

Mithilfe von Leinsamen eignet sich das Bircher-Müsli besonders für die erste Zyklushälfte. Mit Haferflocken ist es im gesamten Zyklus für dich geeignet. Wenn du die Haferflocken vier oder mehr Stunden einweichst, entfalten sich die Nährstoffe aus dem Vollkorn noch besser. Du kannst es kalt essen oder vor dem Verzehr sanft erwärmen. Wenn du das Müsli alternativ vegan zubereiten möchtest, verwende anstelle von Kuhmilch einen pflanzlichen Ersatz, zum Beispiel Haferdrink oder Mandeldrink, und statt des Honigs Agavendicksaft, Ahornsirup oder Kokosblütenzucker.

Zubereitungszeit 20 Minuten
Zutaten für 2 Portionen

50 g Leinsamen, in einem Mörser oder einer Küchenmaschine fein gemahlen
50 g zarte Vollkornhaferflocken (oder 100 g statt 50 g Leinsamen)
250 ml Milch (Vollfettgehalt)
2 EL gehackte Nüsse, z. B. Cashewkerne, Walnusskerne oder Mandeln
1–1½ EL Rosinen
1 roter, süßlicher Apfel
1 TL Zitronensaft
1–1½ TL Honig
¼ Banane, in Scheiben geschnitten, oder andere Früchte, z. B. Himbeeren, Blaubeeren, getrocknete Aprikose

1. Leinsamen und Haferflocken mit der Milch verrühren. Zugedeckt im Kühlschrank mindestens 4 Stunden oder am besten über Nacht einweichen.

2. Nüsse oder Mandeln fein hacken. Die Rosinen ebenfalls fein hacken und in das Müsli rühren.

3. Kurz vor dem Verzehr den Apfel waschen, halbieren und entkernen. Auf einer Gemüsereibe grob raspeln. Mit Zitronensaft und Honig verrühren und unter das Müsli heben. Nach Belieben mit Bananenscheiben oder Früchten dekorieren.

Vollkorn-Pancakes, süss oder herzhaft

Die amerikanischen Eierpfannkuchen kannst du inzwischen auf viele Weisen herstellen. Als Grundlage brauchst du nicht immer Eier, denn es gibt inzwischen auch veganen Teig und viele verschiedene Nussmehle oder Getreidesorten, die du je nach Zyklusphase passend dazumischen kannst.

Zubereitungszeit
15–20 Minuten
Zutaten für 2 Portionen

FÜR DEN TEIG
- 150 g Dinkelvollkornmehl oder Weizenvollkornmehl
- 150 ml Milch oder Buttermilch
- 2 Eier
- 1½ TL Backpulver
- Kokosfett oder -öl zum Braten

FÜR SÜSSE PANCAKES
- 1 Prise Vanillezucker
- 1 TL Agavendicksaft
- süße Zutaten, z. B. Honig, Datteln oder frische Früchte wie Erdbeeren, zum Belegen

FÜR HERZHAFTE PANCAKES
- frische Kräuter oder Zwiebeln, z. B. Bärlauch, Petersilie, Sauerampfer, Majoran oder Basilikum
- 1 Prise Salz
- herzhafte Zutaten, z. B. Käse, Avocado, Lachs oder Spargel zum Belegen

1. Alle Zutaten bis auf den Belag zu einem glatten Teig verrühren. Währenddessen in einer Pfanne etwas Kokosfett oder -öl erhitzen.

2. Den Teig in die Pfanne geben und nach ca. 1½ Minuten wenden.

3. Je nach Geschmack die Pancakes mit süßen oder herzhaften Zutaten belegen.

Quarkbowl mit Nüssen und Leinöl

Diese vielseitige Bowl kannst du an jede Zyklusphase anpassen. Durch den Leinsamen ist diese Variante für die erste Zyklushälfte sehr geeignet. Das daraus gewonnene Leinöl enthält sehr viele Omega-3-Fettsäuren. Leinöl schmeckt etwas bitter und kann schnell ranzig werden. Kaufe daher eher kleine Mengen und verbrauche es zügig. Für eine vegane Variante dieser Bowl kannst du Kokosjoghurt, Pflanzendrink und Agavendicksaft einsetzen.

Zubereitungszeit 15 Minuten
Zutaten für 2 Portionen

- 120 g Magerquark
- 6 EL Milch (Vollfettgehalt)
- 4 EL kalt gepresstes Leinöl
- 2 Spritzer Zitronensaft
- 2 Handvoll Obst, z. B. Banane, Himbeeren, Blaubeeren oder Erdbeeren
- 2 TL geschrotete Leinsamen oder gehackte Nüsse plus etwas mehr zum Dekorieren
- 2 TL Honig

1. Alle Zutaten bis auf das Obst mit einem Mixer oder einem Pürierstab gründlich mixen.

2. Das Obst in mundgerechte Stücke schneiden. Die Bowl mit dem Obst und einigen Leinsamen oder deiner Nussmischung dekorieren.

Bunter Hähnchensalat mit Avocado und Honig-Senf-Vinaigrette

Die Honig-Senf-Vinaigrette ist ein sehr vielseitiges Dressing, das nicht nur zu Salat passt. Diese Kombination schmeckt auch hervorragend als Dressing für Ofengerichte und als Marinade für Fleisch. Diesen Salat kannst du je nach Zyklusphase auch mit verschiedenen Gemüsesorten, Nüssen oder Kernen zubereiten und mit vielen Kräutern aufwerten.

Zubereitungszeit 30 Minuten
Zutaten für 2 Portionen

FÜR DAS DRESSING
50 g Honig
2 EL körniger Senf
1 EL Olivenöl
1 EL Weißwein- oder Apfelessig
Salz

FÜR DEN SALAT
2 Hähnchenbrustfilets
200 g Blattsalat, z. B. Grünkohl, Chicorée, Spinat, Feldsalat oder Chinakohl
1 Avocado
150 g Kirschtomaten
2 hart gekochte Eier
½ Gurke
150 g Mais

1. Als Erstes alle Zutaten für das Honig-Senf-Dressing vermischen.
2. Mit der Hälfte des Dressings die Hähnchenfilets marinieren, das restliche Dressing mit 2 EL Wasser verflüssigen.
3. Jetzt den Salat waschen, die Avocado schälen und in Scheiben schneiden, die Tomaten halbieren, die gekochten Eier schälen und vierteln. Die Gurke in kleine Stücke schneiden. Alles zusammen mit dem Mais in eine Schüssel geben.
4. Die marinierten Hähnchenfilets in etwas Olivenöl in einer Pfanne vorsichtig anbraten.
5. Alles zusammen mit dem Honig-Senf-Dressing zum Salat servieren.

Matjes Hausfrauenart mit Pellkartoffelsalat

Kartoffeln sind eine hervorragende Quelle für Kohlenhydrate, Ballaststoffe, Vitamine und Mineralstoffe. Sie sind zudem reich an Antioxidantien und enthalten wenig Fett. Eine besondere Form der Kohlenhydrate in Kartoffeln, die resistente Stärke, ist besonders gesund. Diese entsteht, wenn Kartoffeln, Nudeln oder Reis erkalten. Diese Form der Stärke wird im Darm nicht vollständig verdaut und hilft deinem Mikrobiom im Dickdarm. Dadurch trägt sie zur Förderung einer gesunden Darmflora und einer besseren Verdauung bei. Resistente Stärke kann auch dazu beitragen, den Blutzuckerspiegel zu stabilisieren und das Sättigungsgefühl zu erhöhen.

Zubereitungszeit 20 Minuten und 30 Minuten Vorbereitungszeit für den Salat
Zutaten für 4 Portionen

400 g festkochende Kartoffeln
2 kleine Zwiebeln
2 Gewürzgurken
2 säuerliche Äpfel
½ Zitrone (ca. 2 TL Zitronensaft)
400 g Joghurt (Vollfettgehalt)
Salz und Pfeffer
400 g Matjesfilets
½ Bund Schnittlauch und andere Kräuter deiner Wahl

1. Die Kartoffeln mit Schale kochen und erkalten lassen. Anschließend pellen und in mundgerechte Stücke schneiden.

2. Zwiebeln schälen und in feine Streifen schneiden. Gewürzgurken fein würfeln. Äpfel waschen, vierteln und das Kerngehäuse entfernen. Die Apfelviertel in dünne Scheiben schneiden. Die Zitrone auspressen, den Saft behalten.

3. Joghurt, 2 TL Zitronensaft, Salz und Pfeffer verrühren. Mit Kartoffeln, Zwiebeln, Gurken und Apfelstücken vermischen.

4. Die Matjesfilets zum Kartoffelsalat essen. Alternativ kannst du die Matjesfilets klein schneiden und unter den Kartoffelsalat heben.

5. Ergänze Schnittlauch und andere Kräuter deiner Wahl.

Paprika-Zwiebel-Pfanne

Dieses Rezept enthält zwei wichtige Lebensmittel, die gut in die erste Zyklushälfte passen. Du kannst diese Kombination als Gemüsepfanne servieren oder auch zu einem schmackhaften Sud oder Brot-Aufstrich einkochen. Gleichzeitig kannst du die Zwiebel-Paprika-Pfanne vielfältig erweitern, zum Beispiel um Champignons, Tomaten und Schafskäse oder in der zweiten Zyklushälfte um Fenchel.

Zubereitungszeit 30 Minuten
Zutaten für 2 Portionen

500 g rote Paprikaschoten
etwas neutrales Öl
1 große Zwiebel
2 Knoblauchzehen
etwas Gemüsebrühepulver
Salz und Pfeffer
eine Handvoll Rucola

1. Die Paprika in Streifen schneiden und in einer Pfanne mit etwas Öl anrösten.
2. Die Zwiebeln schälen, würfeln und dazugeben. Anschließend den Knoblauch schälen, klein hacken und mit anbraten.
3. Mit etwas Gemüsebrühepulver, Salz und Pfeffer würzen.
4. Den Rucola klein schneiden und darüberstreuen. Die Gemüsepfanne kann als Hauptgericht mit Couscous gegessen oder als Beilage mit einem Stück Fleisch serviert oder einfach so mit frischem Brot gegessen werden.

Gefüllte Tomaten aus dem Ofen

Tomaten sind eine hervorragende Quelle für viele wichtige Ballaststoffe und Nährstoffe, darunter Vitamin C, Kalium und Antioxidantien. Wenn Tomaten gekocht oder im Ofen gegart werden, sind diese Nährstoffe noch konzentrierter und leichter für den Körper zugänglich. Durch den Backprozess werden die Zellwände der Tomaten aufgebrochen, wodurch das Lycopin freigesetzt wird. Lycopin ist ein starkes Antioxidans, das bei der Kinderwunschernährung für Frauen und Männer sehr hilfreich ist.

Zubereitungszeit 45 Minuten (davon 30 Minuten Backzeit)
Zutaten für 4 Portionen

6 Fleischtomaten
1 Zwiebel
150 g Vollkornreis
Salz
½ Bund Lauchzwiebeln
1 EL Olivenöl
400 g gemischtes Hackfleisch
Pfeffer
frische Kräuter wie Thymian, Rosmarin, Lorbeer, Bohnenkraut und Majoran, gehackt
50 g Tomatenmark
350 ml Gemüsebrühe
Parmesan, gerieben (optional)
Crème fraîche (optional)

1. Die Tomaten waschen und jeweils das obere Viertel abschneiden und als Deckel verwenden. Deckel und Schoten aushöhlen. Zwiebeln schälen und fein würfeln.

2. Den Reis mit etwas Salz nach angegebener Kochzeit garen. Die Lauchzwiebeln waschen, putzen und in Ringe schneiden. Den Backofen auf 200 °C (Umluft 175 °C) vorheizen.

3. Das Öl in einer Pfanne erhitzen. Das Hackfleisch darin kurz anbraten. Mit Salz, Pfeffer und Kräutern würzen. Das Tomatenmark, 150 ml Brühe und die Lauchzwiebelringe einrühren. Noch mal 2–3 Minuten köcheln lassen.

4. Den Reis abgießen und mit dem Hack vorsichtig vermengen. Die fertige Masse in die 6 vorbereiteten Tomaten füllen und nach Belieben mit Parmesan bestreuen. Die fertigen Tomaten in eine ofenfeste Form stellen und 150–200 ml Brühe angießen.

5. Die gefüllten Tomaten auf die untere Schiene im vorgeheizten Backofen für etwa 30 Minuten backen. Falls die Oberfläche zu dunkel wird, mit einem zweiten Blech abdecken. Serviert werden die gefüllten Tomaten optional mit Crème fraîche und einer Haube aus frischen Kräutern.

Grünkohl-Bowl mit Apfel und Feta

Eine Vitaminbombe. Als vegane Alternative kannst du statt Feta auch Tofu hinzufügen. Grünkohl ist ein veganes Superfood. Er ist nährstoffreich und hat wenige Kalorien. Er ist reich an Vitamin C, E und K, unterstützt den Leberstoffwechsel und senkt den Cholesterinspiegel. Er ist eine ideale Salatgrundlage und kann mit vielem kombiniert werden.

Zubereitungszeit 20 Minuten
Zutaten für 2 Portionen

400 g geputzter Grünkohl (Beutel)
Salz
Saft von ½ Orange
2 EL Weißweinessig oder Apfelessig
2 TL flüssiger Honig
3 EL Olivenöl oder Leinöl
Pfeffer
150 g Äpfel
150 g Feta
50 g Granatapfelkerne
50 g getrocknete Cranberrys oder andere Trockenfrüchte, z. B. Datteln oder Pflaumen
1 EL Kürbiskerne und Nüsse deiner Wahl
frische Kräuter

1. Die Grünkohlblätter jeweils von der großen Mittelrippe entfernen. Bei stärkeren Blättern die Mittelrippe am besten mit einem Messer herausschneiden. Die Blätter gründlich waschen und anschließend in einem Topf mit ca. 2 l kochendem Salzwasser 2–3 Minuten blanchieren. Am besten mit einer Schaumkelle herausheben und in einem Sieb abtropfen lassen.

2. Den Saft der Orange auspressen und mit Essig und Honig verrühren. Das Öl hinzugeben und mit Salz und Pfeffer würzen.

3. Die Äpfel waschen, vierteln und das Kerngehäuse herausschneiden. Die Apfelviertel in Würfel verkleinern.

4. Den Feta grob zerbröckeln.

5. Nun den Grünkohl, die Apfelwürfel, die Granatapfelkerne sowie andere Trockenfrüchte, den Feta, die Kürbiskerne und das Dressing in einer Salatschüssel vermengen. Zum Schluss frische Kräuter hinzugeben, die geschmacklich dazu passen.

Erbsenpüree mit Lachsfilet

Erbsen sind eine hervorragende Quelle für pflanzliches Eiweiß. Eine Tasse gekochte Erbsen enthält etwa 8 g Protein, was im Vergleich zu anderen Gemüsesorten eine sehr hohe Menge ist. Eiweiß liefert wichtige Aminosäuren und trägt auch dazu bei, den Blutzuckerspiegel zu stabilisieren, da Eiweiß langsamer verdaut wird als Kohlenhydrate. Dadurch hält auch das Sättigungsgefühl länger an. Erbsen enthalten ebenso viele wichtige Nährstoffe und Ballaststoffe. Die Tasse gekochte Erbsen enthält beispielsweise etwa 9 g Ballaststoffe, was einem Drittel der empfohlenen Tagesdosis entspricht. Außerdem sind Erbsen reich an Vitaminen und Mineralstoffen wie Vitamin C, Vitamin K, Thiamin (Vitamin B1), Folsäure, Eisen und Kalium sowie Antioxidantien.

Zubereitungszeit 25 Minuten
Zutaten für 2 Portionen

1 Zwiebel
2 Knoblauchzehen
Kokosöl zum Anbraten
500 g frische oder TK-Erbsen
80 ml Gemüsebrühe
1 Zitrone
400 g Lachsfilet (mit Haut)
80 g Frischkäse
Salz und Pfeffer

1. Die Zwiebel und den Knoblauch von der Schale befreien und klein hacken. Für 2 Minuten bei mittlerer Hitze mit etwas Kokosöl in einem Topf anbraten. Anschließend die Erbsen und die Brühe hinzufügen und aufkochen lassen. Ca. 5 Minuten mit geschlossenem Deckel leicht köcheln lassen.

2. Die Zitrone warm abwaschen und mit der Reibe die Schale abreiben und sammeln. Den Saft auspressen.

3. Das Lachsfilet in der Zwischenzeit mit kaltem Wasser abwaschen, trocken tupfen, mit etwas Zitronensaft beträufeln und mit Salz würzen. Dann den Lachs mit der Hautseite nach unten in einer Pfanne ca. 3 Minuten in etwas Kokosfett oder Olivenöl anbraten. Anschließend wenden und bei mittlerer Hitze 3 Minuten weiterbraten, bis der Lachs gar ist.

4. Den Lachs von der Herdplatte nehmen und mit einem Teller abdecken. Einige Minuten ruhen lassen.

5. Die Erbsenmischung jetzt mit dem Frischkäse, einem Spritzer Zitronensaft und der Zitronenschale in einem Mixer oder mit dem Pürierstab fein pürieren. Zum Schluss mit Salz, Pfeffer und Zitronensaft abschmecken.

Rote-Linsen-Dal mit Kokosmilch und Kräutern

Rote Linsen zeichnen sich durch ihre zarte Konsistenz und ihre schnelle Kochzeit aus. Im Vergleich zu anderen Linsensorten haben sie eine kürzere Kochzeit und können in etwa 20 bis 30 Minuten weich gegart werden. Darüber hinaus haben sie eine leuchtend rote Farbe, die sie zu einer attraktiven Zutat in verschiedenen Gerichten und auch in Salaten macht. Rote Linsen sind reich an pflanzlichem Eiweiß, Ballaststoffen, B-Vitaminen und Mineralstoffen wie Eisen, Magnesium und Phosphor. Sie sind in der veganen Ernährung auch aufgrund ihres relativ hohen Eisengehaltes beliebt. Dieses Rezept kannst du in größerer Menge kochen und kalt essen oder wiederholt aufwärmen.

Zubereitungszeit 35 Minuten
Zutaten für 4 Portionen

2 Zwiebeln
4 Knoblauchzehen
1 Stück Ingwer (daumengroß)
250 g rote Linsen
1 Bund frischer Koriander oder Petersilie
1 TL gemahlene Kurkuma
1 TL gemahlener Koriander
1 TL gemahlener Kreuzkümmel
1 TL Paprikapulver
1 TL Garam Masala
2 EL Olivenöl
500 ml Gemüsebrühe
200 g gehackte Tomaten (Dose)
200 ml Kokosmilch
1 TL Ahornsirup
Saft von ½ Zitrone
Salz und Pfeffer
Brot (am besten Naanbrot)

1. Zwiebeln und Knoblauch schälen und würfeln. Den Ingwer schälen und klein schneiden.
2. Die Linsen in ein Sieb geben und abbrausen oder in einem Topf auswaschen, um mögliche Schadstoffe zu entfernen.
3. Den Koriander waschen, trocken schütteln und grob hacken.
4. Kurkuma, Koriander, Kreuzkümmel, Paprikapulver und Garam Masala in einem Schälchen vermischen.

5. Das Olivenöl in einem großen Topf erhitzen und die Zwiebelwürfel, Knoblauch und Ingwer darin 2–3 Minuten anbraten. Dann die Gewürze und die roten Linsen dazugeben und kurz anschwitzen lassen. Mit der Gemüsebrühe ablöschen und einmal zusammen aufkochen lassen. Zugedeckt etwa 10 Minuten köcheln lassen.

6. Die gehackten Tomaten, Kokosmilch, Ahornsirup und den Zitronensaft unterrühren. Mit Pfeffer und etwas Salz abschmecken und weitere 10 Minuten offen köcheln lassen. Wenn das Dal zu dickflüssig ist, noch etwas Wasser oder gehackte Tomaten hinzugeben.

7. Das Linsen-Dal mit den gehackten Kräutern bestreuen und mit jeweils einem Naanbrot servieren.

REZEPTE FÜR ZYKLUSPHASE 2 (FOLLIKELPHASE)

Saftiges Bananenbrot mit Nüssen, Samen und Blaubeeren

Das Bananenbrot ist ein vielseitiges Rezept. Es ist eine ausgezeichnete Quelle für komplexe Kohlenhydrate, Ballaststoffe sowie wichtige Vitamine, Mineralien und Antioxidantien. Bananenbrot kann auf viele verschiedene Arten abgewandelt werden, um es interessanter und vielseitiger zu machen. Man kann den Grundteig auch mit Magerquark herstellen. Ersetze dazu das Mehl durch dieselbe Menge Magerquark und lasse das Backpulver weg. Experimentiere je nach Geschmack mit Gewürzen wie Zimt, Muskatnuss oder Ingwer, um dem Bananenbrot eine zusätzliche oder deine persönliche Geschmacksnote zu verleihen. Füge weitere Zutaten hinzu wie gehackte Äpfel, getrocknete Cranberrys, Rosinen oder andere Trockenfrüchte, um dem Bananenbrot noch mehr Geschmack und Süße zu verleihen.

Zubereitungszeit 20 Minuten und 50–60 Minuten Backzeit
Zutaten für 4 Portionen

- 80 Nüsse und Samen, z. B. Walnusskerne und Kürbis- oder Sonnenblumenkerne
- 50 g Blaubeeren oder anderes Obst
- 2 Eier
- 50 g brauner Vollrohrzucker oder Datteln
- 100 g sehr weiche Butter
- 350 g reife Bananen, geschält (Gewicht ohne Schale), 1 davon für die Deko
- Saft von ½ Zitrone
- ½ TL Zimt
- 180 g Vollkornmehl, z. B. Dinkelmehl Type 630
- Salz
- 2 gestrichene TL Backpulver

1. Den Ofen auf 170 °C Umluft vorheizen. Eine Kastenform (ca. 30 × 10 cm) einfetten und mit Backpapier auslegen.

2. Die Nüsse und Kerne hacken und in einer Pfanne trocken rösten, bis sie zu duften beginnen. Abkühlen lassen. Die Blaubeeren waschen und vorbereiten.

3. Die Eier mit dem Zucker ca. 10 Minuten rühren, bis sie schaumig sind, die Butter zugeben und nochmals schaumig rühren.

4. Die Bananen mit einer Gabel zerdrücken, bis keine Stückchen mehr darunter sind. Mit dem Zitronensaft beträufeln. Das Bananenmus und Zimt zum Teig geben und unterrühren.

5. Jetzt das Mehl mit etwas Salz und 2 TL Backpulver sowie die gerösteten Nüsse und Samen kurz unterrühren. Auch die Blaubeeren hinzugeben.

6. Den Teig in die vorbereitete Kastenform gießen, 1 Banane schälen, längs halbieren und auf den Teig legen und ca. 50 Minuten backen. Sollte die Oberfläche zu dunkel werden, zum Ende der Backzeit hin ein Stück Backpapier oder Alufolie darüberlegen.

7. Mit der Stäbchenprobe den Backgrad testen. Wenn das Bananenbrot fertig ist, aus dem Ofen nehmen.

Kürbissuppe mit Ingwer, Kokosmilch und Fischeinlage

Kürbis enthält eine Reihe von Inhaltsstoffen, die für die Fruchtbarkeit und gesunde Schwangerschaft hilfreich sind, zum Beispiel einige wichtige Vitamine wie Vitamin A und seine Vorstufen, die Carotinoide. Ebenso wie die in diesem Rezept enthaltenen Möhren. Darüber hinaus hat er viel Vitamin C und E, Kalium und Magnesium. Der Kürbis ist sehr ballaststoffreich und fettarm. Insgesamt ist der Kürbis wasserreich und kalorienarm. Er enthält in seiner Schale viele wertvolle sekundäre Pflanzenstoffe, die deinen Körper und dein Mikrobiom unterstützen.

Zubereitungszeit 20 Minuten und 15 Minuten Kochzeit
Zutaten für 4 Portionen

800 g Hokkaidokürbis
600 g Möhren
1 Stück Ingwer
1 Zwiebel
Kokosfett zum Dünsten
1 l Gemüsebrühe
400 g Fisch (Lachs, Kabeljau oder Zander)
500 ml Kokosmilch
Salz und Pfeffer
Sojasoße
Saft von 1 Zitrone
Koriandergrün oder andere frische Kräuter
Kürbiskerne (optional)
Brotscheiben, geröstet

1. Kürbis waschen, die Kerne entfernen, vierteln und zerkleinern. Der Kürbis kann mit seiner Schale genutzt werden. Möhren, Ingwer und Zwiebel schälen und würfeln.

2. In einem Topf das Gemüse in Kokosfett andünsten. Mit der Brühe aufgießen und in etwa 15–20 Minuten weich kochen.

3. Dann nach Geschmack fein pürieren und eventuell noch durch ein Sieb streichen.

4. Den Fisch in mundgerechte Stücke schneiden. Den Fisch 5–10 Minuten vor Ende der Garzeit hinzufügen.

5. Die Kokosmilch unterrühren. Mit Salz, Pfeffer, Sojasoße und Zitronensaft abschmecken und nochmals erwärmen.

6. Den Koriander klein hacken. Die Kürbiskerne rösten und auf der Suppe anrichten. Dazu das Brot reichen.

Spanisches Omelett mit Paprika und Käsekruste

Eier sind eine hervorragende Quelle für hochwertiges Protein. Eier enthalten alle Vitamine bis auf Vitamin C. Eier sind eine gute Quelle für Mineralien wie Eisen, Zink und Selen. Diese Mineralien sind wichtig für viele Körperfunktionen und unter anderem auch für alle Hormondrüsen und dienen der Unterstützung des Immunsystems. Eier sind eine der besten Quellen für Cholin, ein Nährstoff, der für die Gehirnfunktion, die Zellmembranen und den Fettstoffwechsel wichtig ist. Das in Eiern enthaltene Cholesterin belastet deinen Körper nicht. Studien haben gezeigt, dass das Cholesterin aus der Nahrung nur zu einem sehr geringen Teil an der Höhe des Cholesterinspiegels im Blut beteiligt ist.

Zubereitungszeit 20 Minuten und 40 Minuten Backzeit
Zutaten für 4 Portionen

500 g Kartoffeln
1 Zwiebel
½ grüne oder rote Paprikaschote oder Tomaten
2 EL Olivenöl
6 Eier
100 ml Schlagsahne
Salz und Pfeffer
Butter zum Einfetten der Form
Hartkäse, gerieben
frische Kräuter

1. Die Kartoffeln vorbereiten und in Scheiben schneiden. In einem Topf mit leicht gesalzenem Wasser ca. 10–15 Minuten kochen, bis sie bissfest sind. Am besten erkalten lassen, damit resistente Stärke entsteht. Den Ofen vorheizen auf 200 °C Ober-/Unterhitze.

2. Zwiebel und Paprika vorbereiten und fein schneiden. Das Öl in einer Pfanne erhitzen und dann beides darin andünsten.

3. Die Eier aufschlagen und in einer Schüssel zusammen mit der Sahne verquirlen. Mit Salz und Pfeffer würzen.

4. Eine Auflaufform mit Butter fetten. Kartoffeln, Paprika und Zwiebeln in die Form schichten und verteilen. Die Eier-Masse darüber verteilen, bis alles bedeckt ist. Etwas Hartkäse darüberstreuen, um eine schöne Kruste zu erhalten.

6. Im vorgeheizten Ofen ca. 30–40 Minuten backen. Teste zur Sicherheit, ob das Ei schon gestockt ist. Nach dem Backen auskühlen lassen, in Stücke schneiden und mit frischen Kräutern bestreuen.

Tipp

Das Omelett kann auch kalt gut gegessen werden. Dann ist in den Kartoffeln durch das Erkalten auch wieder resistente Stärke entstanden.

Französische Zwiebelsuppe mit Käse überbacken

Zwiebeln sind nicht nur ein beliebtes Gewürz, sie enthalten viele wichtige Nährstoffe wie Vitamin C, Vitamin B6, Kalium und Ballaststoffe. Darüber hinaus sind sie reich an Flavonoiden, einer Art von Antioxidantien. Zwiebeln enthalten auch Schwefelverbindungen, die dazu beitragen können, das Immunsystem zu stärken und den Körper vor Infektionen zu schützen. Hinweis: Aus Sicht der ganzheitlichen Medizin sollte während der Einnistungszeit in der Mitte der zweiten Zyklushälfte auf eine intensive Zwiebelkur jeder Art verzichtet werden, denn Zwiebeln bringen auch Säfte der inneren Organe wie der Gebärmutter in Bewegung, wo zu dieser Zeit jedoch Ruhe herrschen sollte.

Zubereitungszeit 20 Minuten Vorbereitung und 25 Minuten im Ofen
Zutaten für 4 Portionen

1 kg Gemüsezwiebeln
5 EL Öl, z. B. Avocadoöl
2 EL Mehl
2 TL Vollrohrzucker
Salz und Pfeffer
315 ml trockener Weißwein
1 l Gemüsebrühe
50 g Butter
5 Scheiben weißes Brot oder Toastbrot, z. B. Dinkel
8 EL Gruyèrekäse, gerieben
4 Msp. Paprikapulver

1. Die Zwiebeln schälen und in feine Ringe schneiden. Die Ringe halbieren oder vierteln.

2. Das Öl in einem großen Topf erhitzen und die Zwiebeln darin glasig braten, bis der Zwiebelsaft ausgetreten ist. Die Zwiebeln mit dem Mehl bestäuben, mit Vollrohrzucker, Salz und Pfeffer würzen und gründlich vermischen.

3. Nach und nach erst mit dem Wein und dann mit der Brühe aufgießen und 15 Minuten mit leicht geöffnetem Deckel köcheln lassen. Den Ofen auf 200 °C Ober-/Unterhitze vorheizen.

4. Währenddessen die Butter in einer Pfanne erhitzen und die Brotscheiben darin knusprig braun braten.

5. Die Zwiebelsuppe in ofenfeste Schälchen füllen, die Brotscheiben auf die Zwiebelsuppe legen und mit Käse und Paprikapulver bestreuen.

6. Die Suppe im vorgeheizten Backofen oder unter dem Grill goldbraun überbacken und sofort servieren.

Karotten-Nuss-Bratlinge mit grünem Salat und Zitronen-Feta-Dip

Grüne Salate gehören zu den vitalstoffreichsten Lebensmitteln auf der ganzen Welt. Das sind die Top 5 der grünen Salate: Chinakohl, Mangold, junges Rote-Bete-Blattgrün, Spinat und Grünkohl. Viele dieser Lebensmittel sind nicht nur als frischer Salat verwendbar. Du kannst sie auch gekocht als Hauptgericht oder Beilage und als Suppe oder Gewürz in Suppen genießen. Neben wertvollen Ballaststoffen enthalten sie viele Gerbstoffe, die sowohl deine Darmflora unterstützen als auch deiner Leber zugutekommen. Salatblätter enthalten hohe Mengen an Vitamin A und ihre Vorstufe Beta-Carotin, Vitamin C, Folat, Vitamin E und Lycopin und sind damit reich an Antioxidantien. Sie schützen deine Zellen und wirken sich positiv auf die Fruchtbarkeit aus. Die in Salat enthaltenen Vitamine A, D, E und K sind fettlöslich. Damit sie optimal vom Körper aufgenommen werden können, solltest du sie immer mit etwas Öl, Butter oder anderen Fetten verfeinern. Das Anrichten eines Salates beispielsweise mit Essig und Öl ist daher sehr wichtig. Durch Zugabe von frischen Kräutern, Samen, Kernen oder Nüssen und vielleicht einem gekochten Ei wird ein Salat zu einem vollwertigen und wertvollen Essen, nicht nur jetzt in deiner Kinderwunschzeit.

Zubereitungszeit 30 Minuten
Zutaten für 4 Portionen

FÜR DIE BRATLINGE
500 g Karotten
250 g Haselnüsse
2 Eier
4 EL zarte Haferflocken
1 TL Salz
1 EL Majoran
4 Handvoll gemischte grüne Salate der Saison

FÜR DEN DIP
3 EL Olivenöl
1 Zitrone
1 Knoblauchzehe
200 g Feta
4 EL Olivenöl

1. Die Karotten schälen, in Stücke schneiden und mit Haselnüssen, Eiern, Haferflocken, Salz und Majoran zu einer möglichst feinen Masse verarbeiten, damit sie später beim Braten nicht zerfallen. Die fertige Masse 5 Minuten ziehen lassen.

2. Den grünen Salat vorbereiten.

3. Für den Feta-Dip die Schale der Zitrone abreiben und eine Hälfte auspressen. Die Knoblauchzehe schälen und grob würfeln. Den Feta zerkrümeln. Alle Zutaten mit dem Olivenöl mit einem Pürierstab fein mixen und nach Belieben würzen. Je nach gewünschter Konsistenz noch etwas mehr Olivenöl hinzugeben.

4. Anschließend die Bratlinge formen. In einer Pfanne das Olivenöl leicht erhitzen und die Bratlinge bei mittlerer Temperatur von beiden Seiten goldbraun anbraten. Die Bratlinge schmecken warm oder kalt sehr gut. Du kannst die Bratlinge mit dem Dip daher auch kalt einzeln oder im Salat genießen.

Süsskartoffeln aus dem Ofen mit Avocado-Paprika-Creme

Süßkartoffeln sind reich an Ballaststoffen, Vitaminen und Mineralstoffen wie Vitamin A, Vitamin C, Kalium und Eisen. Süßkartoffeln haben auch einen niedrigeren glykämischen Index als herkömmliche Kartoffeln, was bedeutet, dass sie den Blutzuckerspiegel langsamer ansteigen lassen und länger sättigen können. Ein weiterer Vorteil von Süßkartoffeln ist, dass sie antioxidative Eigenschaften besitzen, die helfen können, Schäden an den Keimzellen durch freie Radikale im Körper zu reduzieren. Süßkartoffeln sind ein gesundes und vielseitiges Gemüse, das gebacken, gegrillt, püriert oder als Beilage gereicht werden kann. Im Vergleich zu herkömmlichen Kartoffeln haben sie einen süßlichen Geschmack. Wenn man Süßkartoffeln gekocht oder gebacken isst, haben sie eine zarte, cremige Konsistenz.

Zubereitungszeit 20 Minuten und 1 Stunde Backzeit
Zutaten für 4 Portionen

FÜR DIE SÜSSKARTOFFELN
2 kg Süßkartoffeln
Olivenöl zum Bestreichen
grobkörniges Salz
Pfeffer, geschrotet
1 Zwiebel
1 Knoblauchzehe
Kokosfett oder Olivenöl zum Anbraten

FÜR DIE AVOCADO-PAPRIKA-CREME
6 reife Avocado
300 g Schmand
3 EL Limettensaft oder Zitronensaft
300 g Doppelrahmfrischkäse
6 rote Paprikaschoten
1 Bund Petersilie
6 EL Pekan- und Paranüsse oder Cashewkerne
Chiliflocken (optional)

1. Den Backofen auf 200 °C Ober-/Unterhitze vorheizen.

2. Die Süßkartoffeln gründlich waschen und nebeneinander auf ein Backblech legen. Das Olivenöl mit grobkörnigem Salz und geschrotetem Pfeffer vermischen und die Süßkartoffeln rundherum damit bestreichen.

3. Im vorgeheizten Ofen je nach Größe etwa 50 bis 60 Minuten garen.

→

4. In der Zwischenzeit Zwiebel und Knoblauchzehe abziehen und fein würfeln. Etwas Kokosfett oder Olivenöl in einer Pfanne erhitzen. Den Knoblauch und die Zwiebeln darin bräunen.

5. Die Avocados halbieren, entkernen und das Fruchtfleisch herauslösen. Schmand, Limettensaft, Frischkäse, den gebräunten Zwiebeln und Knoblauch mit dem Fruchtfleisch zu einer Creme vermischen.

6. Die Paprikaschoten vorbereiten und möglichst fein würfeln. Die Petersilie waschen, trocken schütteln und fein hacken. ¾ der Petersilie und der gewürfelten Paprika zur Creme geben. Nach Belieben mit Salz, Pfeffer und Chiliflocken abschmecken.

7. Die gegarten Süßkartoffeln der Länge nach einschneiden und mit der Avocado-Paprika-Creme auf Tellern anrichten. Nun mit gehackten Pekannüssen oder Paranüssen, Chiliflocken, der restlichen Petersilie und den verbliebenen Paprikawürfeln bestreuen und servieren.

Gemüse-Kichererbsen-Curry

Das Besondere an Kichererbsen ist ihr Reichtum an pflanzlichen Proteinen und Ballaststoffen. Sie haben zudem einen niedrigen glykämischen Index, was bedeutet, dass sie den Blutzuckerspiegel nur langsam ansteigen lassen und somit zu dessen Stabilisierung beitragen. Kichererbsen sind relativ fettarm, aber sie enthalten wichtige gesunde Fette, wie Omega-3- und Omega-6-Fettsäuren. Sie sind zudem reich an Antioxidantien und enthalten Eisen, Magnesium, Kalzium und Kalium sowie die Vitamine C, K, Folsäure und B-Vitamine wie Thiamin und Vitamin B6.

Zubereitungszeit 35 Minuten
Zutaten für 4 Portionen

½ Zwiebel
100 g Champignons
200 g Kichererbsen, selbst eingeweicht oder aus der Dose
100 g Brokkoli
100 g Tomaten
1 EL Kokosfett
100 ml Kokosmilch
2 TL Currypulver
1 TL Garam Masala
1 Msp. Pfeffer
Salz
1 TL Kurkuma
frische Kräuter
15 g Cashewkerne
Brot zum Servieren

1. Die Zwiebel vorbereiten und klein schneiden. Champignons putzen und klein schneiden. Die Kichererbsen abgießen und abspülen, den Brokkoli waschen und in Röschen teilen.

2. Die Tomaten waschen und klein schneiden. Den Brokkoli vorbereiten und in Röschen teilen.

3. Das Kokosfett in einer großen Pfanne erhitzen, die Zwiebeln hinzufügen und etwa 2–3 Minuten dünsten. Die Champignons hinzugeben und anbraten.

4. Anschließend die Tomaten und Kokosmilch hinzufügen. Das Ganze kurz aufkochen lassen, dann die gewaschenen und abgetropften Kichererbsen sowie Brokkoliröschen dazugeben.

5. Etwa 10 Minuten köcheln lassen, danach die Gewürze hinzufügen. 3-5 Minuten weiterköcheln lassen. Mit frischen Kräutern und Cashewkernen garnieren und zum Beispiel mit Vollkornbrot oder geröstetem Dinkelbrot servieren.

Eier in Senfsosse

Senf ist nicht nur ein schmackhaftes Gewürz, sondern auch sehr gesund. Senf enthält viele wichtige Nährstoffe wie Vitamin C, Eisen, Kalium und Magnesium. Darüber hinaus enthält Senf auch Senfölglykoside, eine Art von Antioxidantien, die dabei helfen können, Entzündungen im Körper zu reduzieren und die Qualität der Keimzellen zu erhöhen. Senf kann auch dazu beitragen, den Stoffwechsel und die Verdauung zu verbessern. Studien haben gezeigt, dass Senf die Produktion von Magensäure fördern kann, was in vielen Fällen zu einer besseren Verdauung und einer verbesserten Nährstoffaufnahme führt.

Zubereitungszeit 20 Minuten
Zutaten für 2 Portionen

4-6 Eier
500 g Kartoffeln
1 Zwiebel
2 EL Butter oder Kokosfett
3 EL Dinkelvollkornmehl
5 EL mittelscharfer Senf
Salz und Pfeffer
½ Zitrone
1 Bund Petersilie, gehackt

1. Die Eier hart kochen und abkühlen lassen. Später die Schale entfernen.
2. Die Kartoffeln schälen und mit etwas Wasser und Salz ca. 15 Minuten gar kochen.
3. Die Zwiebel schälen und würfeln oder fein reiben.
4. Für die Senfsoße etwas Butter oder Kokosfett erhitzen und leicht bräunen. Nun das Mehl hinzugeben und unter kräftigem Rühren bräunen. Dann die Zwiebel hinzufügen und andünsten. Mit etwa 500 ml Wasser unter Rühren ablöschen, aufkochen und 5 Minuten in der Hitze fertig garen.
5. Etwas Flüssigkeit abnehmen und den Senf darin separat verrühren und anschließend unter die Soße mischen. Mit Salz, Pfeffer und Zitronensaft abschmecken. Die Eier zum Schluss direkt in die Soße geben oder auf den Teller legen. Am Ende die gehackte Petersilie darüberstreuen.

Risotto mit Pilzen und Parmesan

Reisrisotto ist eine gesunde und nährstoffreiche Alternative zu traditionellem Risotto, da es in der Regel aus Vollkornreis hergestellt wird, der mehr Ballaststoffe und Nährstoffe hat als weißer Reis. Vollkornreis enthält auch mehr Vitamine und Mineralstoffe wie Vitamin B, Magnesium und Phosphor. Darüber hinaus ist Reisrisotto auch eine gute Quelle für komplexe Kohlenhydrate, die den Blutzuckerspiegel langsamer ansteigen lassen und länger sättigen können. Dies kann dazu beitragen, den Hunger zu reduzieren und das Risiko von Heißhungerattacken zu verringern. Reisrisotto kann auch mit verschiedenen Gemüsesorten und Kräutern zubereitet werden, um den Nährstoffgehalt weiter zu erhöhen. Zum Beispiel kann man Spinat, Brokkoli, Paprika oder, wie in diesem Rezept, Pilze hinzufügen, die reich an Vitaminen und Mineralstoffen sind.

Zubereitungszeit 40 Minuten
Zutaten für 2 Portionen

- 2 Frühlingszwiebeln
- 100 g Vollkorn-Risottoreis
- 2 EL Olivenöl oder Butter plus etwas mehr zum Braten
- 100 ml Weißwein (2 Schuss)
- 400 ml Gemüsebrühe plus etwas mehr nach Bedarf
- Salz
- 1 EL Butter
- 50 g Parmesan, gerieben
- 1 Knoblauchzehe
- 6 Champignons
- etwas Pfeffer, frisch gemahlen
- frische Kräuter, z. B. Petersilie, gehackt

1. Die Frühlingszwiebeln vorbereiten und klein schneiden. Den Reis waschen.

2. Das Olivenöl im Kochtopf erhitzen. Die Frühlingszwiebeln mit dem Reis in den Topf geben. Sofort umrühren, bis der Reis glasig wird. Den Reis mit 1 Schuss Weißwein ablöschen und den Herd auf die mittlere Hitzestufe stellen.

3. Die Gemüsebrühe unter ständigem Rühren nach und nach hinzugeben.

→

4. Den Knoblauch fein hacken. Die Champignons säubern, halbieren und in Scheiben schneiden.

5. Nun Öl in einen Topf geben. Frühlingszwiebeln und Knoblauch hinzufügen.

6. Für ca. 5 Min. glasig dünsten. Anschließend die Champignons hinzugeben und kurz mit anbraten.

7. Den Risottoreis hinzufügen und kurz dünsten, bis der Reis glasig ist.

8. Mit dem restlichen Weißwein ablöschen. Bei Bedarf etwas Brühe hinzufügen, sodass der Reis bedeckt ist. Mit offenem Deckel köcheln lassen und gelegentlich umrühren.

9. Sobald die Flüssigkeit aufgenommen wurde, immer wieder neue hinzugießen und so lange wiederholen, bis der Risottoreis gar ist.

10. Die Butter und 2/3 des Parmesans unterrühren. Mit Salz und Pfeffer abschmecken.

11. Beim Servieren mit restlichem Parmesan, etwas Pfeffer und frischen Kräutern bestreuen.

Fisch mit Sauerampfer, Petersilie, Erbsen und Möhren

Auch bei Fisch spielen Qualität und Herkunft eine bedeutungsvolle Rolle. Leider sind unsere Meere heute mit Schwermetallen belastet. Die Raubfische unserer Meere gelten als vermehrt belastet, denn sie leben länger als die kleineren Fische. Zu den Raubfischen gehören: Thunfisch, Hai, Schwertfisch, Heilbutt, Hecht, Aal, Steinbeißer, Seeteufel und Kabeljau. Geeignete Fische bei Kinderwunsch sind: Hering, Makrele, Sardinen, Sardellen, Lachs, Dorade, Wolfsbarsch, Sprotten und auch Seelachs, Forelle, Karpfen, Flunder, Scholle, Schellfisch oder Schleie. Wenn es dir nicht möglich ist, Fisch aus Wildfang zu kaufen, dann achte darauf, dass du Fische mit dem Gütesiegel des ASC kaufst. Dann bekommst du einen Zuchtfisch, der einigen wichtigen Qualitätsstandards entspricht und aus nachhaltigen Fischzuchtanlagen stammt. Ein Fisch in Bioqualität ist noch besser: Ein Bio-Siegel für die Fischzucht ist beispielsweise das Naturland-Siegel.

Zubereitungszeit 25 Minuten
Zutaten für 2 Portionen

- 300 g frische Erbsen mit Schote oder 100 g TK-Erbsen
- 2 Möhren
- 100 g Sauerampfer
- 1 TL Agavendicksaft plus etwas mehr zum Abschmecken
- 2 Fischfilet je 140–160 g, z. B. Forelle, Lachs, Dorade oder Rotbarsch
- Salz
- 3 EL Dinkelmehl
- 3 EL Olivenöl oder Kokosfett
- 60 g Butter
- 50 g Petersilie
- 1–2 EL Erbsensprossen

1. Die Erbsen pulen und in Salzwasser 3 Minuten kochen. Dann in kaltem Wasser abschrecken, abtropfen und beiseite stellen. Die Möhren schälen und in feine Streifen schneiden.

2. Sauerampfer und Petersilie reinigen. Mit etwa 80 ml Wasser und 1 TL Agavendicksaft pürieren und in einen Topf geben.

3. Den Backofen auf 80 °C Umluft vorheizen.

→

4. Die Fischfilets unter kaltem Wasser abspülen, trocken tupfen und mit Salz würzen. In Mehl wenden, abklopfen und in einer Pfanne in heißem Öl oder Kokosfett bei mittlerer Hitze 6–8 Minuten braten, dabei einmal wenden. Den Fisch anschließend auf einer Platte im Ofen warm stellen.

5. 20 g Butter in einem Topf schmelzen, die vorbereiteten Möhren mit den Erbsen zugeben, mit Salz und etwas Agavendicksaft abschmecken. Anschließend 3 Minuten unter Rühren schmoren.

6. 40 g Butter in Würfel schneiden. Den Sauerampfer und die Petersilie hinzufügen und gut aufkochen. Die Butterwürfel mit einem Schneebesen einrühren und schmelzen, bis die Soße leicht bindet. Die Soße mit Salz würzen und mit dem Pürierstab aufschäumen. Den Sud auf vorgewärmte Teller träufeln und die Fischfilets mit Möhren, Erbsen und Erbsensprossen darauf anrichten.

Rindersteak mit Gemüsebeilage

Viele Frauen haben einen niedrigen Eisenspiegel, wobei Eisen für den Kinderwunsch sehr wichtig ist. Bei vielen Menschen ist die Eisenaufnahme in der Verdauung aus unterschiedlichen Gründen nicht optimal. Daher kommen hier ein paar Tipps, wie man sie erhöhen kann. Kombiniere eisenhaltige Lebensmittel mit Vitamin-C-reichen Lebensmitteln. Das Vitamin C hilft dem Körper, das Eisen aus pflanzlichen und tierischen Quellen besser aufzunehmen. Du kannst das Steak zum Beispiel mit Vitamin-C-reichem Gemüse wie Brokkoli oder Paprikaschoten servieren. Wenn du beim Braten gusseiserne Pfannen verwendest, kann die Menge an Eisen, die in deine Mahlzeit gelangt, erhöht werden. Vermeide Kaffee und Tee vor, während oder kurz nach dem Essen. Diese Getränke enthalten Verbindungen, welche die Eisenaufnahme hemmen können. Warte mindestens 30 Minuten nach einer Mahlzeit. Vermeide zudem Milchprodukte und andere kalziumreiche Lebensmittel während dieser Mahlzeit, denn Kalzium kann die Eisenaufnahme hemmen.

Nutze Lebensmittel, die reich an Häm-Eisen sind, denn dieses Eisen wird am besten resorbiert. Rotes Fleisch wie Steak enthält viel Häm-Eisen. Andere Quellen sind Hühnerleber, Fisch und Muscheln. Einige Gemüsesorten wie Spinat und Grünkohl enthalten auch Eisen, aber der Körper kann es aus pflanzlichen Quellen nicht so gut aufnehmen wie aus tierischen. Das Kochen von Gemüse kann helfen, das Eisen aus dem Gemüse zugänglicher zu machen.

Zubereitungszeit 45 Minuten
Zutaten für 2 Portionen

2 Rindersteaks
Pfeffer
1 kleine Zucchini
1 rote Paprikaschote
100 g Champignons
3 Möhren
100 g Stangenbohnen
2 Stück Frühstücksspeck in Scheiben
Salz
2 Handvoll Cherrytomaten
etwas Brokkoli oder ein anderes verfügbares Gemüse
3 EL Olivenöl oder Kokosfett
100 ml Gemüsebrühe, z. B. aus Bio-Brühpulver
frische Kräuter der Saison
Kräuterbutter

→

1. Die Steaks waschen und trocken tupfen, pfeffern.

2. Die Zucchini waschen und in Scheiben schneiden, die Paprikaschote waschen, putzen und in Stücke schneiden. Die Champignons putzen und halbieren. Die Möhrchen säubern und in kleine Stücke schneiden.

3. Die Bohnen putzen, in 4 Päckchen unterteilen und mit den Speckscheiben umwickeln.

4. In einen Topf mit Dämpfeinsatz geben (wenn vorhanden) und über wenig Salzwasser ca. 15 Minuten dämpfen. Alternativ mit sehr wenig Wasser garen. Den Backofen für die Steaks auf 200 °C Ober-/Unterhitze vorheizen.

5. Das restliche Gemüse in Öl oder Kokosfett kräftig anbraten, mit der Brühe angießen und ca. 5 Minuten dünsten.

6. Die frischen Kräuter waschen und klein hacken.

7. Das Fleisch in einer Pfanne von beiden Seiten etwa 1 Minute kräftig braten. Auf einen Teller geben und im vorgeheizten Ofen zugedeckt etwa 10 Minuten ziehen lassen.

8. Das Gemüse auf 2 Teller verteilen und mit den frischen Kräutern bestreuen. Die Bohnen-Päckchen sowie das Fleisch dazugeben. Das Fleisch nochmals etwas pfeffern und je nach Geschmack mit oder ohne Kräuterbutter servieren.

Knuspriger Sesam-Tofu mit Tahini-Erdnuss-Sosse

Tofu wird aus Sojabohnen hergestellt und ist eine ausgezeichnete Quelle für pflanzliche Proteine. Er enthält alle neun essenziellen Aminosäuren, die der Körper nicht selbst herstellen kann. Tofu hat viele für die Gesundheit günstige ungesättigte Fettsäuren und einen geringen Kohlenhydratgehalt. Dadurch und mithilfe der vielen enthaltenen Ballaststoffe ist Tofu ein ausgezeichnetes Nahrungsmittel für die Darmgesundheit und unterstützt ein anhaltendes Sättigungsgefühl und stabilen Blutzuckerspiegel. Tofu enthält auch viel Kalzium, Eisen und Magnesium sowie Antioxidantien wie Selen und Vitamin E, die dazu beitragen können, deine Zellen vor Schäden durch freie Radikale zu schützen.

Zusätzlich zu den bereits genannten Nährstoffen und Inhaltsstoffen enthält Tofu eine Reihe von Phytoöstrogenen, auch bekannt als pflanzliche Östrogene. Diese Verbindungen ähneln dem weiblichen Hormon Östrogen im menschlichen Körper und können helfen, den Hormonspiegel auszugleichen. Phytoöstrogene haben im Allgemeinen eine schützende Wirkung auf dich und helfen deinem Kinderwunsch, indem sie unter anderem den Cholesterinspiegel senken und die Durchblutung verbessern können. Wenn du jedoch mit hormonabhängigen Krankheiten zu tun hast, wie Myome, Eierstockzysten oder Endometriose, solltest du dich beraten lassen, ob Phytoöstrogene passen oder nicht.

Um eine gute Qualität zu bekommen, achte auf biologisch angebautes Soja, Nigari oder Kalziumsulfat als Gerinnungsmittel und auf eine feste, aber dennoch cremige Textur und einen milden Geschmack.

Zubereitungszeit 20 Minuten und 20 Minuten oder länger zum Marinieren
Zutaten für 4 Portionen

400 g Tofu
2 kleines Stück Ingwer
2 Knoblauchzehen
1 Zitrone
1 EL Sojasoße
3 EL Agavendicksaft
1 EL Sesamöl
¼ TL Chilipulver
2–3 EL Sesamsamen
3–4 EL Semmelbrösel
3 EL Kokosfett
400 g Naturreis
1 Brokkoli
1 EL Sesamöl

FÜR DIE TAHINI-ERDNUSS-SOSSE
3 EL Sesammus/Tahini
1 EL Erdnüsse, zerkleinert
1 EL Agavendicksaft
1 Knoblauchzehe, gepresst
1 kleines Stück Ingwer, gerieben
1 EL Wasser

ZUM GARNIEREN
Erdnüsse
Sesam
Frühlingszwiebeln, in Ringe geschnitten
Limettenspalten

1. Den Tofu abtropfen lassen, in ein Papiertuch einwickeln und möglichst trocken pressen. Dann den Tofu in Würfel schneiden und erneut trocken tupfen.

2. Den Ingwer schälen und klein reiben, den Knoblauch schälen und klein hacken, den Saft aus einer halben Zitrone pressen.

3. Dann in einer Schüssel Sojasoße, Agavendicksaft, 1 EL Sesamöl, Knoblauch, Ingwer und Chilipulver verrühren. Den Tofu untermischen und mindestens 20 Minuten oder über Nacht marinieren lassen.

4. Die Tofuwürfel aus der Marinade nehmen, kurz abtropfen lassen und in eine Schüssel geben. Sesamsamen und Semmelbrösel darüberstreuen und gut durchmischen.

5. Etwas Kokosfett in einer Pfanne erhitzen und den Tofu von allen Seiten goldbraun und knusprig braten.

6. Den Naturreis nach Packungsanweisung in Salzwasser kochen. Den Brokkoli waschen und in kleine Röschen schneiden. Die Brokkoliröschen in den letzten 6–8 Minuten hinzugeben und mitgaren.

7. Zur Herstellung der Tahini-Erdnuss-Soße Sesammus, zerkleinerte Erdnüsse, Agavendicksaft, Knoblauch, Ingwer und Wasser glatt und cremig mixen. Die zweite Zitronenhälfte auspressen und den Saft unterrühren.

8. Den gekochten Reis, den Brokkoli sowie die übrigen Brösel und den knusprigen Tofu in Schüsseln verteilen. Mit der Tahini-Erdnuss-Soße beträufeln und mit gerösteten Erdnüssen, Sesam, Frühlingszwiebeln und Limettenspalten garnieren.

REZEPTE FÜR ZYKLUSPHASE 3 (OVULATION)

Haselnuss-Porridge mit Blaubeeren

Die Blaubeere ist unter verschiedenen Namen bekannt, sie heißt auch Heidelbeere, Schwarzbeere oder Mollbeere. Blaubeeren haben bei uns eine kurze Saison und können auch eingefroren werden – so kommst du auch im Winter in den Genuss ihrer Wirkstoffe. Wenn man im Winter Blaubeeren kauft, stammen diese meist aus Kulturen in Peru oder Chile. Die Mineralien Kalium, Kalzium, Magnesium, Eisen und Zink sind in der Blaubeere enthalten. Sie besitzt auch in hohen Mengen Beta-Carotin, die Vorstufe von Vitamin A, und Vitamin C, dazu die Vitamine B1, B2, B6 und E. Blaubeeren sind reich an Antioxidantien, in diesem Fall in Form von Polyphenolen. Diese sind auch für die blaue Farbe und das Aroma zuständig. Die unverdaulichen Pflanzenteile der Blaubeeren wirken sich positiv auf das Mikrobiom aus und können bei leichten Verdauungsproblemen helfen.

Zubereitungszeit 10 Minuten
Zutaten für 2 Portionen

1 Stück frischer Ingwer (1 cm)
einige Haselnusskerne
60 g Haferflocken oder andere Vollkornflocken
250 ml Haselnussdrink
Agavensirup
1 TL Leinöl
100 g Blaubeeren

1. Den Ingwer schälen und reiben. Die Haselnüsse grob hacken.
2. Die Haferflocken und den geriebenen Ingwer mit dem Haselnussdrink in einen Topf geben und 5 Minuten ziehen lassen.
3. Die Mischung aufkochen lassen und umrühren, bis sie eine cremige Konsistenz hat. Dann den Sirup und das Leinöl hinzugeben und untermischen.
4. Mit den Heidelbeeren und den Haselnussstücken servieren.
5. Alternativ kann dieses Porridge auch mit Mandeln und Mandeldrink und mit anderem Obst wie Johannisbeeren, Erdbeeren, Himbeeren oder auch Äpfel und Birnen zubereitet werden.

Eier Benedict

Auch wenn Butter einen hohen Nährwert hat, enthält sie viel Vitamin A, Vitamin K2, gesättigte Fettsäuren und Cholesterin, das du zum Aufbau vieler Hormone brauchst. Um die Qualität von Butter zu verbessern, solltest du darauf achten, hochwertige Butter aus Weidemilch oder Bio-Butter, die ohne Pestizide und Zusatzstoffe hergestellt wird, einzukaufen. Auch Fassbutter hat diese guten Eigenschaften. Vermeide das hohe Erhitzen von Butter, da es dazu führt, dass sie verbrennt und schlechte Fette entstehen. Stattdessen solltest du Butter langsam schmelzen und bei niedriger Hitze verwenden. Wenn du Butter ersetzen möchtest, dann nutze pflanzliche Öle wie Sonnenblumenöl, Olivenöl oder Kokosfett, insbesondere beim Kochen oder Braten. In Backrezepten kann Avocado und Avocadoöl als Ersatz für Butter verwendet werden. Sie ist reich an gesunden Fetten und bietet eine cremige Textur, die der von Butter ähnelt. Kokosfett kann in Backrezepten ebenfalls als Ersatz für Butter verwendet werden. Es hat einen milden, nussigen Geschmack und bei Raumtemperatur eine feste Textur.

Zubereitungszeit 20 Minuten (davon 10 Minuten für eine Sauce hollandaise)
Zutaten für 2 Portionen

- 1 l Wasser
- 3 TL Essig
- 2 TL Petersilie, gehackt, oder andere frische Kräuter, z. B. Knoblauch,
- 2 Tomaten
- 1 Gurke
- Salatblätter
- 4 Scheiben Bacon
- 4 Vollkorntoasties oder 8 Scheiben Toast
- 4 EL Sauce hollandaise (fertig oder selbst gemacht, siehe nächste Seite)
- 4 Eier
- Salz und Pfeffer

FÜR EINE SAUCE HOLLANDAISE

- 3 Eigelb
- 1 Limette
- 1 TL Senf, gern Dijonsenf
- 1 TL Crème fraîche
- 1 TL Agavendicksaft
- Salz und Pfeffer
- 200 g Butter
- ½ TL Weißweinessig

→

1. Für die Eier Benedict wird das Wasser in einem kleinen, möglichst hohen Topf zum Sieden gebracht und dann mit Essig versetzt.

2. Die Petersilie säubern und hacken. Die Tomaten und die Gurke waschen und in Scheiben schneiden. Den Salat putzen.

3. In einer Pfanne den Bacon braten. Die Toastbrötchen toasten. Wenn du eine Fertig-Hollandaise nimmst, diese einmal kurz wärmen und dann beiseite stellen.

4. Ansonsten die Sauce hollandaise selbst zubereiten: Das Eigelb in einen Rührbecher geben, mit Limettensaft, Senf, Crème fraîche, Agavendicksaft und etwas Salz mit dem Pürierstab pürieren.

5. Die Butter in einem kleinen Topf schmelzen lassen und kurz aufkochen.

6. Jetzt die heiße Butter direkt aus dem Topf und bei laufendem Pürierstab langsam zu der Eimasse gießen. Im Anschluss mit Salz, Pfeffer und wahlweise Weißweinessig abschmecken. Die Soße gleich warm servieren. Hinweis: Nur bei niedriger Temperatur wieder erhitzen, sonst gerinnt die Soße.

7. Für die Eier Benedict mit einem Löffel einen Strudel im Essigwasser erzeugen und dann nacheinander je 1 Ei pochieren. Dazu das Ei vorsichtig aufschlagen und mittig in das Wasser geben und nach unten sinken lassen, dann 3–4 Minuten bei siedender Temperatur garen, bis das Eiweiß fest, aber das Eigelb noch weich ist.

8. Mit einem Schaumlöffel das Ei vorsichtig aus dem Wasser nehmen und auf einem Küchentuch abtropfen lassen. Bei Bedarf können die Eier für weitere 30 Sekunden bis 1 Minute in heißes Wasser getaucht werden, um das Eigelb etwas fester zu machen.

9. Auf das geröstete Brot je einige Salatblätter legen, darauf Tomatenscheiben und Gurken nach Geschmack. Zum Schluss etwas Hollandaise auf die untere Brötchenhälfte geben, Salz und Pfeffer darüberstreuen und das Ei darauflegen. Dieses mit etwas Petersilie oder anderen frischen Kräutern bestreuen. Dann eine Scheibe Bacon auf das Ei legen und mit dem Toastbrötchen-Deckel belegen oder ohne oberes Brot servieren.

Shakshuka – gebackene Eier in Paprika-Tomaten-Sugo

Viele bekannte Heilkräuter sind auch gleichzeitig oder in einigen Teilen unsere Gewürze und Küchenkräuter. Sie haben wirkungsvolle Inhaltsstoffe, die über den reinen Vital- und Nährstoffgehalt hinausgehen. Sie werden in küchenüblichen Dosierungen als harmlos eingestuft und im Allgemeinen sind sie das auch. Dennoch hat jedes Kraut eine Wirkung auf dich oder dein Mikrobiom. Je nach Qualität und Mengen, die du davon zu dir nimmst, wirken diese Inhaltsstoffe wie eine natürliche Arznei. Weil du diese vielfältigen und überwiegend positiven Wirkungen für dich nutzen solltest, empfehle ich in der Kinderwunschzeit dein Essen mit Kräutern und Gewürzen aufzuwerten. Wie in den meisten anderen Fällen auch, hängt die Wirkung von der Qualität der Kräuter und der Dosis ab.

In diesem Rezept sind einige aus Sicht der chinesischen Medizin bewegende Kräuter und Gewürze enthalten. Es sind häufig Kräuter oder Gewürze, die scharf schmecken wie Pfeffer oder Chili, und auch Koriander, Zimt oder Paprikapulver, Kurkuma, Zwiebeln und Knoblauch gehören dazu. Zum Eisprung hin ist das sehr günstig, um die benötigte Dynamik in dir zu unterstützen, während der Einnistungszeit solltest du eher weniger dieser Bestandteile nutzen. Würze zur Unterstützung des Eisprungs dieses Rezept daher reichlich.

→

Zubereitungszeit 50 Minuten
Zutaten für 4 Portionen

1 kg Tomaten oder geschälte Tomaten aus der Dose
2 Zwiebeln
2 Knoblauchzehen
2 rote Paprikaschoten
2 EL Olivenöl
3 EL Tomatenmark
1 TL Kreuzkümmel
1 EL Paprikapulver
1 TL Garam Masala
1 Prise Zimt
Cayennepfeffer und oder Chilipulver
Salz und Pfeffer
4 Eier
1 Bund frischer Koriander
8 Scheiben Vollkornbrot

1. Die Tomaten waschen, am Strunk kreuzweise einritzen und in eine Schüssel geben. Mit kochendem Wasser bedecken und 5 Minuten ziehen lassen. Das Wasser abgießen, die Tomaten mit kaltem Wasser abschrecken und die Haut abziehen. Das Tomatenfleisch in Würfel schneiden.

2. Die Zwiebel und den Knoblauch schälen. Die Zwiebel fein würfeln und den Knoblauch hacken. Die Paprika waschen und vorbereiten. Die Schoten halbieren und in kurze Streifen schneiden.

3. Das Öl in einer ofenfesten Pfanne erhitzen. Tomatenmark, Kreuzkümmel, Paprikapulver, Garam Masala, Zimt und Cayennepfeffer oder Chilipulver im heißen Öl kurz rösten, bis das Tomatenmark leicht ansetzt. Die Zwiebeln, den Knoblauch und die Paprikastücke hinzugeben und ca. 5 Minuten dünsten.

4. Die Tomatenwürfel samt austretender Flüssigkeit in die Pfanne geben, mit Salz und Pfeffer würzen und alles gut miteinander verrühren. Jetzt die Shakshuka ohne Deckel für ca. 15 Minuten leicht köcheln lassen. Je länger sie einkocht, desto dickflüssiger wird sie.

5. Den Ofen auf 180 °C Ober-/Unterhitze vorheizen.

6. Die Hitze reduzieren. Mit einem Esslöffel 4 Mulden in die Shakshuka formen. Die Eier nacheinander aufschlagen und hineingleiten lassen. Die Pfanne mittig auf den Ofenrost stellen und die Shakshuka im heißen Ofen für 7–10 Minuten stocken lassen. Sobald sich das Eiweiß gänzlich weiß verfärbt hat, die Pfanne aus dem Ofen nehmen. Alternativ warten, bis das Eigelb fest wird.

7. Koriander abbrausen, trocken schütteln und die Blättchen von den Stielen zupfen. Die Shakshuka damit bestreuen und dazu Brotscheiben servieren.

Rote-Bete-Salat mit Schafskäse und Nüssen

Die Rote Bete vereint einen Nährstoffreichtum, wie er nicht oft zu finden ist: Neben sehr viel Eisen enthält sie die Vitamine A, C und E sowie Zink und Selen. Sie ist reich an B-Vitaminen und auch an Folat. Sie enthält Kalium und Magnesium und ist damit für jede Körperzelle und deren Energiegewinnung wertvoll. Die Inhaltsstoffe der Rote Bete helfen deiner Leber bei der Entgiftung. Zusätzlich enthält sie ein wertvolles Antioxidans, das Betanin, das auch für die rote Färbung sorgt. Das Rot ist farbecht: Sei daher etwas vorsichtig bei der Verarbeitung oder trage Handschuhe. Nach dem Verzehr von Roter Bete kommt es in der Regel zu rötlichem Urin – es handelt sich dabei nicht um Blut.

Zubereitungszeit 10 Minuten, 40 Minuten Kochzeit und mindestens 30 Minuten Kühlzeit

Zutaten für 4 Portionen

500 g Rote Beten
200 g Schafskäse
8–10 EL Balsamico- oder Apfelessig
3–4 EL Olivenöl
Kümmel
Agavensirup oder Honig zum Süßen
Nüsse, z. B. Pekannüsse, Cashewkerne, Erdnüsse oder Walnüsse

1. Die Blätter der Roten Beten entfernen und die Knollen samt Schale in einen Topf geben. Die Knollen vollständig mit Wasser bedecken. 30–40 Minuten je nach Größe gar kochen.
2. Die Knollen abgießen und abkühlen lassen. Anschließend die Haut abziehen. In mittelgroße Würfel schneiden und in eine Schüssel geben.
3. Den Schafskäse in mittelgroße Würfel schneiden und zur Rote Bete geben. Mit Essig und Öl anmachen.
4. Alles miteinander vermengen. Je nach Geschmack mit Kümmel würzen und eine kleine Menge Agavensirup hinzugeben.
5. Die Nüsse klein hacken.
6. Am besten im Kühlschrank mindestens 30 Minuten ziehen lassen. Vor dem Servieren noch einmal durchrühren. Die Nüsse hinzufügen und bei Bedarf mit Essig nachwürzen.

Taco-Salat

Anstelle von normalen Maistortillachips kannst du auch Vollkorn-Tortillachips, die mehr Ballaststoffe und Nährstoffe enthalten, nehmen. Oder nutze Gemüsechips aus Zucchini, Karotten oder Süßkartoffeln. Du kannst sie herstellen, indem du sie in dünne Scheiben schneidest und im Ofen knusprig backst. Stelle gleich eine etwas größere Menge her, denn zu den Tortillachips passt auch eine gesunde Guacamole.

Eine Guacamole herstellen: Fleisch von 2 reifen Avocados; ½ Zwiebel, gehackt; 1 Tomate ohne Kerne, gehackt; 1 Knoblauchzehe, zerdrückt; Saft von ½ Limette; Salz und Pfeffer nach Geschmack. Alles vermischen und mit einer Gabel zu einem Mus verarbeiten.

Zubereitungszeit 30 Minuten und 10 Minuten Kochzeit
Zutaten für 4 Portionen

- 1 Eisberg- oder Chicoréesalat
- 200 g Kidneybohnen aus der Dose
- 1 Dose Mais oder 2 Maiskolben
- Schnittlauch oder Frühlingszwiebeln
- 3 Tomaten
- 500 g gemischtes Hackfleisch
- Salz und Pfeffer
- Paprikapulver
- Knoblauch, gepresst (optional)
- 1 Flasche Salsasoße
- 2 Becher Schmand
- Sonnenblumenkerne
- Edamer oder Emmentaler, gerieben
- Tortillachips, nach Belieben selbst hergestellt

1. Den Salat waschen, klein schneiden und in eine große Schüssel geben. Bohnen und Mais abtropfen lassen Den Schnittlauch putzen und in Röllchen schneiden. Die Frühlingszwiebeln waschen und in Stücke schneiden. Die Tomaten waschen und klein schneiden.

2. Das Hackfleisch mit Salz, Pfeffer und Paprikapulver und nach Belieben mit Knoblauch würzen und anbraten. Dann abkühlen lassen und auf dem Salat verteilen. Darüber die Salsasoße, Bohnen und Mais geben. Die Tomaten darauf verteilen.

3. Dann den Schmand mit Salz, Pfeffer und Schnittlauch oder Frühlingszwiebeln vermischen. Den Schmand auf dem Salat verteilen und alles mit den Sonnenblumenkernen und geriebenem Käse bestreuen. Vor dem Servieren mit Tortillachips garnieren.

Fisch-Kokos-Curry mit Papaya

Curry ist eine Gewürzmischung, die aus verschiedenen gemahlenen Gewürzen besteht, die je nach Region und Tradition variieren können. Es gibt keine feste Rezeptur für Curry, aber typischerweise enthält es Kurkuma, Kreuzkümmel, Koriandersamen, Ingwer, Paprika, Zimt und andere Gewürze. Diese Gewürze bringen auch Schwung in den Stoffwechsel und vielfältige positive Wirkungen mit sich. Curry kann in Suppen, Eintöpfen, Reisgerichten, Fleisch-, Fisch- und Gemüsegerichten verwendet werden. Es ist am besten, eine Currymischung von einem renommierten Gewürzhändler oder einem Geschäft zu kaufen, das sich auf Gewürze und Kräuter spezialisiert hat und für die hohe und am besten Bioqualität der Kräuter sorgt.

Zubereitungszeit 30 Minuten
Zutaten für 4 Portionen

200 g Reis
500 g Fischfilet, z. B. Lachs, Dorade, Wolfsbarsch, Seelachs
Salz und Pfeffer
2 EL Kokosfett
1 Zwiebel
2 Knoblauchzehen
1 rote Paprikaschote
1 grüne Paprikaschote
1 Limette
2 EL rote Currypaste
1 Dose Kokosmilch (400 ml)
1 EL Fischsoße
1 EL Agavendicksaft
1 Papaya

1. Den Reis waschen und kochen.
2. Den Fisch in mundgerechte Stücke schneiden und mit Salz und Pfeffer würzen. In einer großen Pfanne oder einem Wok das Kokosfett erhitzen und die Zwiebel und den Knoblauch darin glasig anbraten.
3. Die Paprika vorbereiten und in Streifen schneiden. Die Limette in 8 Keile schneiden. Die Currypaste hinzufügen und unter Rühren anbraten, bis sie duftet. Die Kokosmilch, Fischsoße und Agavendicksaft in die Pfanne geben und umrühren, bis sich alles gut vermischt hat.
4. Die Paprikastücke in die Pfanne geben und umrühren. Die Fischstücke in die Pfanne geben und vorsichtig umrühren, damit sie mit der Kokosmilch bedeckt sind.
5. Die Papaya von der Schale und den Kernen befreien und in dünne Streifen schneiden.
6. Das Curry zum Kochen bringen und für ca. 8–10 Minuten köcheln lassen, bis der Fisch gar ist. Die Papaya am Ende hinzufügen. Das Curry mit Salz und Pfeffer abschmecken und mit Limettenkeilen und Reis servieren.

Orientalische Quinoa-Gemüsepfanne

Quinoa ist eine Pflanze, die seit Tausenden von Jahren in den Anden von Südamerika angebaut wird. Sie hat in den letzten Jahren aufgrund ihrer vielen gesundheitlichen Vorteile und vielseitigen Verwendungsmöglichkeiten weltweit an Popularität gewonnen. Quinoa enthält alle neun essenziellen Aminosäuren, die der Körper nicht selbst produzieren kann. Es ist somit eine ausgezeichnete vegetarische Proteinquelle. Quinoa ist von Natur aus glutenfrei. Viele Menschen reagieren auf Gluten empfindlich. Auch wenn es sich um keine offiziell diagnostiziere Unverträglichkeit handelt, ist Gluten in der Ernährung zu verringern eine gute Idee. Quinoa ist reich an Ballaststoffen, was das Mikrobiom stärkt und dein Sättigungsgefühl fördert. Zudem ist Quinoa reich an Magnesium, Eisen, Zink und Kalium. Gute Alternativen für Quinoa auch in diesem Rezept sind Hirse, Bulgur oder Couscous.

Zubereitungszeit 35 Minuten
Zutaten für 2 Portionen

- 200 g Quinoa
- 500 ml Gemüsebrühe, z. B. aus einem Bio-Brühwürfel
- 1 Zwiebel
- 2 Knoblauchzehen
- 1 rote Paprikaschote
- 1 gelbe Paprikaschote
- 1 Karotte
- 1 Zucchini
- 1 Bund frische Petersilie oder andere frische Kräuter, z. B. Koriander
- 2 EL Olivenöl oder Kokosfett zum Braten
- 1 TL Kreuzkümmelpulver
- 1 TL Korianderpulver
- 1 TL Paprikapulver
- 1 TL Kurkuma
- Salz

1. Die Quinoa in einem feinen Sieb unter fließendem Wasser abspülen, um Gifte oder Bitterstoffe zu entfernen.

2. Die Gemüsebrühe zum Kochen bringen und Quinoa hinzugeben. Die Hitze reduzieren und die Quinoa für 15–20 Minuten köcheln lassen, bis sie weich und die Flüssigkeit aufgesogen ist.

→

3. Zwiebel und Knoblauchzehen schälen und klein hacken. Die Paprika waschen, entkernen und in kleine Stücke schneiden. Die Karotte und die Zucchini säubern und in Stücke schneiden. Die Petersilie vorbereiten und klein hacken.

4. In einer Pfanne das Olivenöl erhitzen und die Zwiebel und den Knoblauch darin anbraten, bis sie weich und duftend sind.

5. Dann Paprika, Zucchini und Karotte hinzufügen und für weitere 5–7 Minuten braten, bis alles weich ist.

6. Die Gewürze hinzufügen und für weitere 1–2 Minuten braten.

7. Jetzt die gekochte Quinoa hinzufügen und alles gut mischen. Für weitere 2–3 Minuten köcheln lassen, um die Aromen zu verbinden.

8. Vor dem Servieren Petersilie oder andere Kräuter darüberstreuen.

Chili con Carne

Kidneybohnen sind eine sehr gute Quelle für pflanzliche Proteine und Ballaststoffe. Sie enthalten verschiedene Mineralstoffe wie Eisen, Magnesium, Phosphor und Kalium sowie die Vitamine B1, B6 und Folsäure. Auch Antioxidantien wie Flavonoide und Carotinoide, die freie Radikale unschädlich machen und damit deine Zellen vor Schäden schützen, sind in ihnen enthalten. Wenn es um Dosengemüse geht, ist es grundsätzlich wichtig zu beachten, dass es möglicherweise nicht so viele Nährstoffe wie frische, getrocknete oder tiefgefrorene Kidneybohnen enthält und gleichzeitig häufig ungünstige Zusatzstoffe hinzugefügt wurden.

Getrocknete Kidneybohnen sind in der Regel von besserer Qualität, da sie mehr Nährstoffe enthalten. Sie müssen jedoch vor dem Kochen eingeweicht werden, um die Aufnahme von Nährstoffen im Darm zu verbessern. Zunächst gründlich mit warmem Wasser abspülen, um Schmutz oder Rückstände zu entfernen. Die Bohnen dann in eine Schüssel geben und mit Wasser bedecken, sodass mindestens 5 cm Wasser über den Bohnen stehen. Die Schüssel abdecken und die Kidneybohnen mindestens 8 Stunden oder bis zu 12 Stunden bei Raumtemperatur einweichen. Nach der Einweichzeit abtropfen lassen und mit frischem Wasser abspülen. Die Kidneybohnen werden dann mit ca. 3–4 cm Wasser über den Bohnen gekocht. Die scharfen Gewürze in diesem Rezept unterstützen den Eisprung.

Zubereitungszeit 20 Minuten, 1 Stunde 20 Minuten Kochzeit
Zutaten für 4 Portionen

2 Zwiebeln
1 Knoblauchzehe
2 EL Kokosfett
2 rote Chilischoten
1 TL Kreuzkümmel
2 TL Chilipulver
800 g Rinderhackfleisch
800 g Tomaten oder geschälte Tomaten aus der Dose
1 Zimtstange
Salz und Pfeffer
800 g Kidneybohnen, gekocht aus der Dose
Sambal Oelek (optional)

1. Die Zwiebeln und den Knoblauch schälen und würfeln. In heißem Kokosfett 5 Minuten anschwitzen, bis beides weich ist. Die gehackten Chilischoten mit den Kernen, Kreuzkümmel und Chilipulver hinzufügen und weitere 2 Minuten dünsten.

2. Das Rinderhack in den Topf geben und bei großer Hitze ringsherum krümelig anbraten. Die Tomaten und die Zimtstange unterrühren und mit Salz und Pfeffer kräftig würzen.

3. Alles auf mittlerer Flamme ca. 90 Minuten köcheln lassen, dabei gelegentlich umrühren. 30 Minuten vor dem Ende der Garzeit die Bohnen hinzufügen und nach Belieben mit Sambal Oelek abschmecken.

4. Mit Vollkornbrot und einem Klecks Naturjoghurt oder Guacamole servieren.

Lachs-Spinat-Lasagne

Es gibt mehrere Alternativen zu den traditionellen Lasagne-Platten aus Nudelteig. Du kannst Vollkorn-Lasagne-Platten oder auch Zucchini- oder Auberginen-Scheiben verwenden, denn Zucchini ist gesund und kohlenhydratarm. Schneide sie längs in dünne Scheiben und lege sie anstelle von Nudelplatten in deine Lasagne. Ebenso glutenfrei sind Polenta-Platten. Sie werden gekocht und wie Nudelplatten in der Schichtung verwendet. Auch Vollkorn-Blätterteig-Platten sind gut geeignet.

Zubereitungszeit 20 Minuten und 50 Minuten Backzeit
Zutaten für 4 Portionen

1 Zwiebel
2 Knoblauchzehen
250 g Lachsfilet
2 EL Olivenöl
500 g frischer oder TK-Spinat
800 ml Tomatensoße
Salz und Pfeffer
500 g Ricotta- oder Cottagekäse
500 g Vollkorn-Lasagneblätter oder eine o. g. Alternative
250 g Mozzarella
100 g Parmesan

1. Den Ofen auf 180 °C Umluft vorheizen. Die Zwiebeln und den Knoblauch schälen und klein hacken. Den Lachs in Würfel schneiden. Das Olivenöl in einer Pfanne bei mittlerer Hitze erwärmen. Die Zwiebeln und den Knoblauch hinzugeben und glasig braten.

2. Die Lachswürfel in die Pfanne geben und ca. 5 Minuten braten, bis sie goldbraun sind. Den Spinat in die Pfanne geben und ca. 2–3 Minuten lang braten, bis er zusammenfällt. Die Tomatensoße dazugeben und alles ca. 5 Minuten lang köcheln lassen. Mit Salz und Pfeffer abschmecken.

3. Den Ricotta in eine Schüssel geben und umrühren.

4. In einer Auflaufform die Lasagne schichten. Mit Tomatensoße beginnen, gefolgt von einer Schicht Lasagneblättern. Eine Schicht Ricotta daraufgeben und anschließend eine Schicht Lachs-Spinat-Mischung. Die Schichten wiederholen, bis alle Zutaten aufgebraucht sind. Die letzte Schicht ist Tomatensoße. Mozzarella und Parmesan darauf verteilen.

5. Die Auflaufform mit einer Folie bedecken und die Lasagne für ca. 40–45 Minuten im Ofen backen. Die Folie abnehmen und die Lasagne weitere 10–15 Minuten backen, bis sie goldbraun und knusprig ist. Einige Minuten abkühlen lassen und heiß servieren.

Kurkuma-Kokos-Pralinen

Ghee ist eine Art von geklärter Butter, die traditionell in der indischen Küche verwendet wird. Es wird durch Erhitzen von Butter hergestellt, um das Wasser und die Milchfeststoffe zu entfernen, sodass nur das reine Fett übrig bleibt. Durch diesen Prozess wird das Ghee länger haltbar und erhält ein nussiges Aroma. Wenn Ghee nicht verfügbar ist, kannst du auch Butter als Alternative verwenden. Der Geschmack von Butter ist allerdings etwas, was sich auf die Pralinen auswirken kann. Kurkuma enthält starke Antioxidantien wie Kurcumin, die dazu beitragen können, die Zellen vor oxidativem Stress und Schäden durch freie Radikale zu schützen. Es hat entzündungshemmende Eigenschaften und kann zur Linderung von Schmerzen helfen. Dazu aktiviert Kurkuma das Immunsystem.

Zubereitungszeit 20 Minuten
Zutaten für 4 Portionen

100 g Datteln
100 g getrocknete Aprikosen
100 g Sonnenblumenkerne
150 g Kokosraspel
2 EL Kichererbsenmehl
1 Prise Vanille
Salz
1 TL Kurkuma
2 EL Ghee

1. Die Datteln, Aprikosen und Sonnenblumenkerne in einer Küchenmaschine mixen.

2. Kokosraspel, Kichererbsenmehl und Gewürze hinzufügen. Nochmals kräftig mixen.

3. Zum Schluss das Ghee dazugeben und mixen, bis ein krümeliger und klebriger Teig entsteht.

4. Den Teig mit den Händen zu kleinen Pralinen formen und in Kokosraspeln oder einer Mischung aus gehackten Nüssen oder Sesamsamen rollen.

5. Gleich genießen oder im Kühlschrank lagern.

REZEPTE FÜR ZYKLUSPHASE 4 (LUTEALPHASE)

Kokos-Overnight-Oats mit Himbeeren

Planzendrinks haben mehrere Vorteile im Vergleich zu Kuhmilch. Erstens sind sie laktosefrei, also frei von Milchzucker, und zweitens enthalten sie keine tierischen Proteine, die bei übermäßigem Genuss die Entzündungsneigung im Körper fördern, was sie zu einer gesünderen Alternative in der Ernährung macht. Pflanzendrinks sind reich an Vitaminen und Mineralstoffen wie Kalzium, Magnesium und Vitamin D und können eine ausgezeichnete Wahl sein, um die klassische Kuhmilch zu ersetzen. Beim Einkauf sollte man darauf achten dass möglichst wenige Zusatzstoffe, keine Konservierungsmittel oder Zucker zugesetzt sind. Sojadrink solltest du in der zweiten Zyklushälfte eher nicht oder wenig zu dir nehmen. Es passt besser in die erste Zyklushälfte, denn die Sojabohne enthält pflanzliche Östrogene, sogenannte Phytoöstrogene. In dieser zweiten Zyklushälfte befinden wir uns jedoch in der Progesteronphase, in der Östrogene abgebaut werden, damit Progesteron besser wirken kann.

Zubereitungszeit 25 Minuten und 1 Nacht im Kühlschrank
Zutaten für 4 Portionen

60 g Leinsamen oder Chiasamen
200 g Haferflocken
1 TL Agavensirup
550 ml Pflanzendrink, z. B. Hafer-, Haselnuss- oder Mandeldrink
200 g Himbeeren
400 g Kokosjoghurt
30 g Kokosraspel
1 TL Leinöl
300 g Beeren, z. B. Blaubeeren oder andere Beeren der Saison, zum Toppen

1. Die Leinsamen mit den Haferflocken, Agavendicksaft und Pflanzendrink in einer Schüssel vermengen.

2. Am nächsten Morgen die Himbeeren in einem Topf erwärmen, bis sie eine cremige Konsistenz erreichen. Leicht abkühlen lassen.

3. Den Kokosjoghurt und die Kokosraspel vermengen. Das Leinöl hinzufügen und unter den Leinsamen-Hafer-Mix rühren. Mit den Beeren der Saison toppen.

Healthy-Porridge mit Früchten und Nüssen

Vollkornhaferflocken bestehen aus Haferkörnern, die zu Flocken verarbeitet wurden, ohne dass der Keimling entfernt wurde. Im Gegensatz zu raffinierten Haferflocken besitzen sie daher noch alle Nährstoffe des Haferkorns. Sie sind eine ausgezeichnete Quelle für Ballaststoffe, Proteine und eine Vielzahl von Vitaminen und Mineralstoffen, die für die Gesundheit, deine Fruchtbarkeit und zukünftige Schwangerschaft wichtig sind.

In Vollkornhaferflocken befinden sich etwa 10 g Ballaststoffe pro 100 g, was etwa 40 % der empfohlenen Tagesdosis ausmacht. Ballaststoffe sind Futter für dein Mikrobiom und unterstützen die Verdauung. Sie helfen auch, Giftstoffe im Darm zu binden und auszuscheiden. Zudem steigt dein Sättigungsgefühl und der Appetit wird vermindert. Hafer hilft auch, deinen Blutzuckerspiegel zu stabilisieren, und die enthaltenen Beta-Glucane regulieren deinen Cholesterinspiegel und senken das ungünstige LDL-Cholesterin. Vollkornhaferflocken enthalten etwa 16 g Protein pro 100 g, was ein relativ hoher Wert ist, und viele komplexe Kohlenhydrate, die langsam verdaut werden und deinem Körper über einen längeren Zeitraum Energie geben. Dadurch wird dein Blutzuckerspiegel stabilisiert, und ungünstige Blutzuckerspitzen werden vermieden. Vollkornhaferflocken enthalten Vitamin B1, Vitamin B3, natürliche Folsäure, das Folat, Vitamin E, Magnesium, Phosphor und Zink.

Dieses Porridge-Rezept wurde bewusst traditionell mit Wasser gekocht. Du kannst auch etwas Milch, einen Schuss Sahne oder Pflanzendrink hinzufügen.

Zubereitungszeit 10 Minuten
Zutaten für 2 Portionen

100 g feine Vollkornhaferflocken
500 ml Wasser
1 Prise Salz
Früchte nach Wahl, z. B. Bananen, Himbeeren, Äpfel oder getrocknete Aprikosen oder Feigen
Honig oder Agavendicksaft zum Süßen
Nussmischung nach Wahl

1. Haferflocken, Wasser und Salz in einen Topf geben und zum Kochen bringen.

2. Die Hitze reduzieren und regelmäßig umrühren, damit das Porridge nicht anbrennt. Für etwa 5 Minuten köcheln lassen, bis es eine cremige Konsistenz hat.

3. Wenn das Porridge zu dick ist, noch etwas Wasser hinzufügen; wenn es zu dünn ist, weniger als 500 ml Wasser verwenden.

4. Die Früchte in kleine Stücke oder Scheiben schneiden. Das Porridge in Schüsseln servieren und mit den Früchten garnieren. Wenn du möchtest, kannst du es mit Honig oder Ahornsirup süßen.

5. Füge eine Nussmischung nach Geschmack hinzu.

Brokkoli-Quiche

Brokkoli ist reich an verschiedenen Nähr- und Ballaststoffen. Es ist besonders bekannt für seinen hohen Gehalt an Vitamin C, Vitamin K und der natürlichen Folsäure, Folat. Brokkoli enthält auch andere wichtige Nährstoffe wie Kalium, Eisen und Kalzium. Ein weiterer wichtiger Nährstoff, der Brokkoli als besonders gesund bekannt gemacht hat, ist Sulforaphan, ein Antioxidans, das freie Radikale im Körper neutralisiert und Entzündungen reduzieren kann. Darüber hinaus hat Brokkoli viele Ballaststoffe, die helfen, deinen Blutzuckerspiegel zu regulieren, die Verdauung zu fördern und dein Mikrobiom zu unterstützen.

Zubereitungszeit 20 Minuten und Backzeit 40 Minuten
Zutaten für 4 Portionen (12 Stücke)

etwas Butter für die Form
etwas Mehl für die Form
250 g Vollkornmehl
125 g kalte Butter
1 Ei
Salz
700 g Brokkoli oder anderes Gemüse, z. B. Karotten, rote Paprikaschoten, Champignons
1 Zwiebel
2 EL Olivenöl oder Kokosfett
150 g Lachsfilet (optional)
3 Eier
200 g Schmand
100 g Edamer oder Emmentaler, gerieben
Salz und Pfeffer
frische Petersilie zum Servieren

1. Den Backofen auf 180 °C Ober-/Unterhitze (Umluft 160 °C), vorheizen. Eine Quicheform (Ø 28 cm) einfetten und mit Mehl bestäuben.

2. Für den Mürbeteig Mehl, Butter, Ei, Salz und 2 EL Wasser zu einem Teig verkneten.

3. Ist der Teig noch zu weich zum Ausrollen, einfach 30 Minuten in den Kühlschrank legen und erst dann weiterverarbeiten. So lässt sich der Teig deutlich leichter verarbeiten.

→

4. Die Arbeitsfläche mit Mehl bestäuben. Den Teig mit einem Nudelholz ausrollen, in die Form legen und andrücken, sodass ein Rand von etwa 3 cm entsteht. Den Teig mit einer Gabel mehrere Male einstechen. Mit Backpapier bedecken und etwa 12 Minuten vorbacken. Das Backpapier wieder entfernen.

5. Für den Belag das Gemüse waschen, putzen und würfeln. Die Zwiebel schälen und würfeln. Das Öl in eine Pfanne geben, die Zwiebeln bei mittlerer Temperatur leicht andünsten. Dann das gesamte Gemüse hinzufügen und auf mittlerer Hitze mehrere Minuten leicht anbraten.

6. Auch Lachs passt gut in die Füllung der Quiche, 150 g Lachsfilet kurz anbraten, in kleine Stücke zerteilen und mit in die Gemüsemischung geben.

7. Währenddessen die Eier verquirlen. Dann Schmand, Käse, Salz und Pfeffer hinzugeben und unterrühren. Das gebratene Gemüse auf dem vorgebackenen Teig verteilen. Dann die Eier-Schmand-Mischung darübergeben und verteilen.

8. Die Quiche weitere 30 Minuten backen. Mit Petersilie garnieren.

Kichererbsen-Avocado-Salat

Avocado enthält eine Vielzahl an Nährstoffen, besonders die gesunden Omega-3-Fettsäuren, und dazu viele Ballaststoffe, die Vitamine B5, B6 und Folsäure als natürliches Folat sowie Vitamin C, Vitamin E, Vitamin K und Kalium. Eine Avocado hat viele pflanzliche Nährstoffe und Antioxidantien, die zur Reduktion von Entzündungen im Körper beitragen. Gleichzeitig verbessert und stabilisiert Avocado den Blutzuckerspiegel, verlängert das Sättigungsgefühl und unterstützt das Mikrobiom mit seinen gesunden Baustoffen.

Zubereitungszeit 15 Minuten
Zutaten für 4 Portionen

250 g Rispentomaten
1 Avocado
1 Handvoll Basilikum
200 g Kichererbsen, gekocht oder aus der Dose
4 EL Olivenöl
½ TL Senf
1 TL Honig
1 TL Essig
1 EL Zitronensaft
Salz und Pfeffer

1. Die Tomaten waschen, klein schneiden und in eine große Schüssel geben. Die Avocado schälen und in Scheiben schneiden.
2. Das Basilikum säubern und hacken. Unter den Salat heben.
3. Die Kichererbsen vorbereiten, abtropfen lassen und auf dem Gemüse verteilen.
4. Für das Dressing die restlichen Zutaten vermischen und über den Salat geben.

Nudeln aus Gemüse mit selbst gemachtem Pesto

Pesto ist eine italienische Würzsoße, die traditionell aus frischem Basilikum, Knoblauch, gerösteten Pinienkernen, Olivenöl und Parmesankäse hergestellt wird. Die Zutaten werden normalerweise zu einer glatten Paste verarbeitet und können als Dip, Brotaufstrich oder zum Würzen von Pasta, Salaten und anderen Gerichten verwendet werden. Es gibt jedoch auch Varianten von Pesto, die andere Kräuter oder Nüsse enthalten, wie zum Beispiel Petersilie, Rucola oder Walnüsse. Du kannst also sehr kreativ sein, dein eigenes Pesto herstellen und vielseitig verwenden. Das frische Pesto kann im Kühlschrank aufbewahrt werden und hält sich in einem luftdichten Behälter etwa eine Woche lang.

Zubereitungszeit 20 Minuten
Zutaten für 4 Portionen

800 g Nudeln aus roten Linsen, Süßkartoffeln, Karotten oder Kürbis
60 g frisches Basilikum
2 Knoblauchzehen
30 g Parmesan
30 g geröstete Pinienkerne
Salz
60 ml Olivenöl
Pfeffer

1. Die Gemüsenudeln nach Packungsanleitung zubereiten.

2. Für das Pesto die Basilikumblätter waschen und trocken tupfen. Den Knoblauch schälen und grob hacken. Den Parmesankäse reiben.

3. Die Pinienkerne in einer Pfanne ohne Öl leicht anrösten.

4. Basilikumblätter, Knoblauch, geröstete Pinienkerne, Parmesankäse und 1 Prise Salz in einen Mixer oder eine Küchenmaschine geben und starten. Das Olivenöl hinzufügen, bis das Pesto eine glatte Konsistenz hat.

5. Abschmecken und bei Bedarf mit Salz und Pfeffer nachwürzen.

Spargelsuppe mit Fisch

Spargel wurde schon seit jeher eine Bedeutung bei der Fruchtbarkeit zugesprochen. Grüner Spargel wächst über der Erde und hat einen hohen Chlorophyll-Gehalt, ein kräftigeres Aroma und mehr Vitamin C und Beta-Carotin, der Vorstufe von Vitamin A, als der weiße Spargel, der unter der Erde vor Licht geschützt wächst. Spargel sollte möglichst frisch genossen werden. Frischer Spargel ist prall, hat feuchte Schnittflächen und quietscht, wenn man ihn aneinander reibt.

Zur Aufbewahrung wickelst du ihn am besten in ein feuchtes Tuch und lagerst ihn ein bis maximal zwei Tage im Kühlschrank, dann behält er seine Qualität. Spargel ist sehr kalorienarm und enthält viele Ballaststoffe sowie sekundäre Pflanzenstoffe und zudem Folsäure, das Folat, sowie Vitamin E, B1 und B2. Spargel ist reich an Mineralstoffen und Spurenelementen wie Phosphor, Kalium, Magnesium, Kalzium, Natrium und Eisen. Das macht ihn zu einer der nährstoffreichsten Gemüsesorten. Am besten erhalten sind die Nährstoffe in frischem Spargel.

Zubereitungszeit 40 Minuten
Zutaten für 4 Portionen

- 500 g Spargel
- 250 g Fisch, z. B. Lachs oder Kabeljau
- frische Kräuter, z. B. Schnittlauch oder Petersilie
- 30 g dunkles Dinkelmehl
- 60 g weiche Butter
- Schlagsahne
- Salz und Pfeffer
- Muskatnuss
- 1–2 EL Zitronensaft (optional)

1. Den Spargel schälen. Die holzigen Enden abschneiden und mit den Spargelschalen gemeinsam in einen Topf geben. Mit 1 l Wasser bedecken, aufkochen lassen und eine Minute kochen.

2. Den Topf vom Herd nehmen und 10 Minuten ziehen lassen. Anschließend die Schalen und Spargelenden herausschöpfen und entsorgen.

3. Den Fisch vorbereiten und leicht braten. Anschließend abkühlen lassen und auseinanderzupfen.

4. Den Spargel aus der Flüssigkeit heben und in 3–4 cm lange Stücke schneiden. Den Spargelsud nochmals aufkochen lassen und die Spargelstücke darin 5 Minuten garen.

→

5. Die frischen Kräuter vorbereiten und klein hacken.

6. Den Spargel herausnehmen, unter kaltem Wasser abtropfen lassen und beiseite stellen. Den Spargelsud wieder aufkochen.

7. Das Mehl mit 30 g weicher Butter in einem separaten Gefäß glatt rühren und mit einem Schneebesen in den Spargelsud einrühren. Aufkochen und 3 Minuten lang kochen lassen.

8. Schlagsahne hinzugeben und 3–5 Minuten dicklich einkochen. Die übrige Butter in einer großen Pfanne schmelzen und die Spargelstücke darin bei milder Hitze 3 Minuten schwenken. Mit Salz würzen.

9. Den Fisch und die Spargelstücke nun in die Suppe geben und die Suppe mit Salz, Pfeffer und einer kleinen Prise Muskatnuss abschmecken. Den Zitronensaft nach Geschmack hinzufügen. Mit frischen Kräutern servieren.

Basilikum-Tomatensuppe mit Parmesan-Hackbällchen

Basilikum ist eine aromatische Pflanze, die in der Küche und in der traditionellen Medizin aufgrund seiner antimikrobiellen, entzündungshemmenden und antioxidativen Eigenschaften weit verbreitet ist. Es gibt auch Hinweise dafür, dass Basilikum bei der Linderung von Stress und Angstzuständen helfen sowie die Blutzuckerkontrolle verbessern und den Cholesterinspiegel senken kann. Basilikum enthält viele Nährstoffe wie Vitamin K, Vitamin C, Eisen, Kalzium und Magnesium. Darüber hinaus enthält Basilikum auch ätherische Öle, die eine antimikrobielle Wirkung haben und dazu beitragen können, Lebensmittel länger frisch zu halten. Allerdings sollte Basilikum am besten als frisches Gewürz verwendet, schnell verarbeitet und nicht gekocht werden, sonst verliert es viele seiner ätherischen Öle und deren guten Eigenschaften. Halte dir gern eine Basilikumpflanze auf deiner Fensterbank, dem Balkon oder im Garten, damit du immer frisches Basilikum zu Hause hast.

Zubereitungszeit 20 Minuten
Zutaten für 4 Portionen

FÜR DIE TOMATENSUPPE
2 Zwiebeln
2 EL Olivenöl oder Kokosfett
1½ kg Tomaten
Salz und Pfeffer
saure Sahne oder Crème fraîche
1 Lorbeerblatt
etwas Zitronenschale, abgerieben
frisches Basilikum, gehackt

FÜR DIE HACKBÄLLCHEN
200 g Rinderhackfleisch
1 Ei
1 Eigelb
1 EL Petersilie, gehackt
100 g Parmesan, gerieben
1 Knoblauchzehe
Salz und Pfeffer
1½ EL Kokosfett
1 TL getrockneter Oregano

→

1. Für die Suppe die Zwiebeln schälen und fein würfeln. In 2 EL Öl glasig dünsten.

2. Die Tomaten waschen, mit Schale klein schneiden und in die Pfanne geben. Alles zusammen aufkochen lassen.

3. Salz und Pfeffer sowie ein Lorbeerblatt und etwas Zitronenschale hinzufügen.

4. Weitere 15 Minuten köcheln lassen und dann 1–2 EL saure Sahne oder Crème fraîche hinzufügen.

5. Die Suppe mit dem Basilikum nach Geschmack verfeinern.

6. Für die Hackbällchen Hackfleisch, Ei, Eigelb, Petersilie und Parmesan in eine Schüssel geben und gut vermischen.

7. Den Knoblauch abziehen, klein hacken und untermischen. Mit Salz und Pfeffer würzen und zu Bällchen formen.

8. 1 EL Kokosfett in einer Pfanne erhitzen, die Bällchen darin kurz anbraten und wieder herausnehmen. Die Bällchen in die Tomatensuppe geben.

Hühnerfrikassee mit Reis

Nach traditioneller Sichtweise wird das lange Kochen von Hühnerbrühe oder anderer Knochensuppen als vorteilhaft für die Gesundheit angesehen, da die Nährstoffaufnahme erleichtert wird und die lange Energiezufuhr dann Energien auf die Inhaltsstoffe überträgt.

In vielen traditionellen Brühen wird heute nach Wirkstoffen gegen schwere Krankheiten gesucht, denn einige Suppen zeigen heilsame Wirkungen. In modernen Untersuchungen wurde gezeigt, dass das lange Kochen von Knochenbrühe tatsächlich dazu beiträgt, Nährstoffe aus den Knochen und dem Fleisch freizusetzen und in die Brühe zu übertragen. Insbesondere wurde gezeigt, dass die Brühe hohe Konzentrationen von Kollagen, Gelatine, Glucosamin, Chondroitinsulfat und anderen Nährstoffen enthält, und auch eine hohe Konzentration an Mineralien wie Kalzium, Magnesium und Phosphor. Es wird zudem vermutet, dass der Verzehr von Knochenbrühe dazu beitragen kann, den Darm zu beruhigen und Entzündungen im Körper zu reduzieren. Dies ist auf den hohen Gehalt an Aminosäuren wie Glycin zurückzuführen, die für ihre entzündungshemmenden Eigenschaften bekannt sind. Für die Entfaltung dieser Wirkungen sind gute Zutaten die Grundlage.

Zubereitungszeit 30 Minuten und 3 Stunden Kochzeit
Zutaten für 4 Portionen

1 frisches Bio-Freilandhuhn mit Innereien
2 Bund Suppengrün
4 Zwiebeln
60 g Butter
4 Stangen Staudensellerie
1 frischer Ingwer
3 Lorbeerblätter
5 Gewürznelken
1 TL schwarze Pfefferkörner
1 TL Wacholderbeeren
Salz
etwas Agavendicksaft oder andere Süße (optional)
200 g Vollkornreis oder Kartoffeln
150 g braune Champignons
40 g Mehl, z. B. dunkles Dinkelmehl, gesiebt
⅛ l trockener Weißwein (auch alkoholfrei – wobei der Alkohol beim Kochen abgebaut wird), z. B. Silvaner oder Grauburgunder 500 g Spargel
300 g frische Erbsen in der Schote oder TK-Erbsen
250 g Schlagsahne
Pfeffer
2 Eier

→

1. Die Hühnerbrühe am besten am Vortag herstellen, um den Geschmack zu vertiefen. Das Huhn unter kaltem Wasser gründlich waschen. Die Innereien entnehmen und kalt abspülen.

2. Das Suppengrün waschen und putzen. Den Lauch längs halbieren und in das Huhn stecken. Die Zwiebeln mit der Schale halbieren und in einer Pfanne auf den Schnittflächen mit etwas Butter goldbraun anrösten. Den Staudensellerie reinigen und grob stückeln. Ein daumengroßes Stück Ingwer schälen und in kleine Stücke schneiden.

3. Das Huhn mit Zwiebeln, Suppengrün, Sellerie, Innereien, Lorbeerblättern, Nelken, Pfefferkörnern, Wacholderbeeren, Ingwer, Salz und etwas Süße in einen Topf geben und 2 Finger breit darüber mit kaltem Wasser bedecken. Langsam aufkochen und bei milder Hitze offen 2–2½ Stunden köcheln lassen. Ab und zu den Schaum abschöpfen.

4. Die Brühe abkühlen lassen und wahlweise durch ein feines Sieb oder für eine besonders klare Brühe durch ein Handtuch passieren. Nach dem Abkühlen die Haut vom Huhn entfernen und das Fleisch abzupfen und schneiden. Das Hühnerfleisch als Suppeneinlage bereithalten. Das Knochengerüst kann ruhig noch länger mit der Brühe kochen.

5. 700 ml Hühnerbrühe abmessen. Den Reis waschen und in frischem Wasser zum Kochen bringen.

6. Die Champignons putzen und vierteln. Restliche Butter in einem Topf schmelzen und die Champignons darin andünsten.

7. Das Mehl mit einem Schneebesen unterrühren und leicht bräunen. Dazu den Wein langsam und unter ständigem Rühren hinzufügen. Mit der Hühnerbrühe auffüllen und aufkochen. 10 Minuten offen kochen lassen.

8. Inzwischen den Spargel schälen, die Enden abschneiden und die Stangen in kurze Stücke schneiden. Die Erbsen aus den Schoten pulen oder die Tiefkühlerbsen bereitstellen.

9. Die Schlagsahne zur Brühe geben und aufkochen lassen. Den Spargel hinzufügen und 5 Minuten offen kochen lassen. Die Erbsen dazugeben und weitere 3 Minuten kochen. Das Hühnerfleisch hinzufügen und nochmals 1 Minute mit Salz und Pfeffer würzen und abschmecken.

10. Zum Schluss die beiden Eier aufschlagen, in die Suppe geben und verrühren. Nicht mehr kochen, sonst stockt das Ei. Das Hühnerfrikassee mit Vollkornreis oder Kartoffeln servieren.

Kichererbsen-Sesam-Mus (Hummus) mit Gemüsesticks

Hummus ist vielseitig und sehr gesund. Hummus hält sich gut eine Woche im Kühlschrank, wenn du ihn zum Schluss komplett mit Öl bedeckst. Du kannst also auch die doppelte Portion herstellen. Das Rezept ist in der Zubereitung sehr einfach und gesund. Kichererbsen enthalten wichtige Vitamine wie Folsäure und auch viele Mineralstoffe wie Zink, Eisen und Magnesium. Darüber hinaus unterstützen die enthaltenen Ballaststoffe dein Mikrobiom und eine gute Verdauung.

Koriander enthält Antioxidantien wie Vitamin C, Carotinoide, den Vorstufen von Vitamin A, Vitamin K und Flavonoide, die helfen können, Zellschäden durch freie Radikale zu reduzieren und dein Immunsystem zu stärken. Koriander ist auch eine gute Quelle für Mineralien wie Kalzium, Kalium, Magnesium, Eisen und Mangan. Diese Mineralien sind wichtig für viele Organe und für die Entgiftungswege in deinem Körper. Darüber hinaus regt Koriander die Leber in ihrem Stoffwechsel an. Dadurch wird deine Entgiftung unterstützt und der Cholesterinspiegel reguliert.

Zubereitungszeit 20 Minuten, 12 Stunden Einweichzeit und 1 Stunde Kochzeit
Zutaten für 4 Portionen

- 120 g getrocknete Kichererbsen oder Kichererbsen aus dem Glas
- 2 Knoblauchzehen
- frischer Koriander oder Petersilie
- 5 TL Zitronensaft
- 50 g Sesampaste
- 100 ml Olivenöl plus etwas mehr
- 80 ml Wasser
- 1 TL Paprikapulver
- 1 TL Pfeffer
- Salz
- 2 Möhren
- 1 Zucchini
- 1 Gurke
- 1 rote Paprikaschote
- Vollkornbrotscheiben, getoastet (optional)

1. Wenn getrocknete Kichererbsen verwendet werden, diese für 12 Stunden in Wasser quellen lassen. Dann etwa 1 Stunde kochen, bis sie weich und pürierbar werden.

2. Kichererbsen aus dem Glas können sie sofort weiterverarbeitet werden.

3. Die Knoblauchzehen schälen. Die Kräuter waschen und hacken.

4. Alle Zutaten außer dem Gemüse in einen Mixer geben und zu einem feinen Mus verarbeiten.

5. Je nach Konsistenz kann zusätzlich etwas Öl hinzugefügt werden.

6. Möhren, Gurke, Zucchini und Paprika säubern und in Sticks schneiden.

7. Das Hummus abschmecken und mit den Gemüsesticks und nach Belieben mit getoastetem Vollkornbrot servieren.

Lachs im Sesammantel auf Erbsenpüree

Erbsen sind fantastische pflanzliche Proteinlieferanten. Sie können auch außerhalb ihrer Erntesaison als tiefgefrorenes Gemüse gut genutzt werden. Erbsen lassen sich vielseitig verwenden. Normalerweise werden Erbsen ohne Hülse verzehrt, da diese nicht genießbar ist, bei Zuckererbsen oder Zuckerschoten können sie aber mitgegessen werden. Die frischen Schoten beherbergen die noch nicht voll entwickelten Erbsen und werden nach kurzem Kochen als zartes Gemüse serviert. Das liefert dir viele Ballaststoffe. Mit 8 % Eiweiß in der frischen Erbse und 20 % in der getrockneten, sind sie der Spitzenreiter unter den pflanzlichen Eiweißlieferanten. Sie enthalten sehr gute Aminosäuren, Vitamin A, Vitamin C, viele B-Vitamine und viel natürliche Folsäure, das Folat. Dazu kommen Eisen, Magnesium, Zink und sehr gute Ballaststoffe, die deinem Mikrobiom zugutekommen. Erbsen liefern dir zusätzlich viele Antioxidantien und tragen durch ihre Zusammensetzung zu einem gemäßigten Blutzuckerspiegel und zu lang anhaltender Sättigung bei.

Zubereitungszeit 35 Minuten
Zutaten für 4 Portionen

2 Zwiebeln
2 EL Butter plus etwas mehr für die Pfanne
400 g frische oder TK-Erbsen
Salz und Pfeffer
Agavendicksaft
Muskatnuss
2 EL Sahne
4 Lachssteaks à 140 g
4 EL Sesamsamen, geröstet
2 EL Kokosfett
100 g Zuckerschoten

1. Die Zwiebeln abziehen, in Würfel schneiden und in einem Topf mit der Butter bei mittlerer Hitze glasig dünsten. Die Erbsen hinzufügen. 5–8 Minuten bei mittlerer Hitze garen, mit Salz, Pfeffer, Agavendicksaft und Muskat würzen. Die Sahne hinzufügen und ca. 5 Minuten dünsten. Danach im Mixer sehr fein pürieren.

2. Den Lachs im gerösteten Sesam wenden. In einer Pfanne mit dem Kokosfett bei mittlerer Hitze von beiden Seiten je 2 Minuten braten. 2 Minuten ruhen lassen. Mit Salz und Pfeffer würzen.

3. Die Zuckerschoten reinigen und in dünne Streifen schneiden. In etwas Butter in der Pfanne glasig angehen lassen. Mit Salz, Muskat und etwas Agavendicksaft würzen.

4. Das Erbspüree auf 4 tiefen Teller anrichten, den Lachs daraufsetzen und einen Löffel Schoten darauf verteilen.

Möhrensuppe mit roten Linsen und Koriander

Möhren und Pastinaken enthalten sowohl hohe Mengen an Beta-Carotin, der Vorstufe von Vitamin A, als auch Vitamin C, das als Antioxidans wirkt, das Immunsystem stärkt und deine Körperzellen vor Schäden schützen kann. Sie sind ebenfalls reich an Kalium, Magnesium sowie Eisen und haben viele wertvolle Ballaststoffe, die eine wichtige Rolle in der Verdauung und Darmgesundheit spielen. Pastinaken enthalten Polyacetylene, die entzündungshemmende Eigenschaften haben können. Möhren enthalten Flavonoide wie Quercetin und Kaempferol, die wie Vitamin C antioxidative Eigenschaften haben.

Zubereitungszeit 30 Minuten
Zutaten für 4 Portionen

1 Zwiebel
frischer Koriander
verschiedene Kräuter, z. B. Petersilie, Liebstöckel, oder Ingwer
2 EL Olivenöl oder Kokosfett
1 l Gemüsebrühe (aus 1 Bio-Brühwürfel)
1 Zitrone, abgerieben
400 g Möhren oder Pastinaken
400 g rote Linsen
saure Sahne oder Crème fraîche
Salz

1. Die Zwiebel schälen und klein hacken. Die Kräuter waschen und fein hacken.
2. Olivenöl oder Kokosfett erhitzen und darin die Zwiebelwürfel glasig dünsten.
3. Mit etwa 1 l Brühe aufgießen und etwas geriebene Zitronenschale und Gewürze nach Geschmack beimengen.
4. Dann die Möhren und roten Linsen hinzufügen. 10–15 Minuten köcheln lassen.
5. 1–2 EL saure Sahne oder Crème fraîche unterrühren.
6. Den Koriander oder auch andere frische Kräuter untermengen und nach Geschmack etwas nachsalzen.
7. Frische Kräuter zum Garnieren auf die Suppe streuen.

Fenchelgemüse mit Walnüssen

Fenchel ist ein Gemüse mit einem süßen, milden und anisartigen Geschmack. Er ist reich an Vitaminen und Mineralstoffen wie Kalium, Eisen, Kalzium, Magnesium und Vitamin C. Eine Portion Fenchel enthält auch eine beachtliche Menge an Ballaststoffen und Antioxidantien. Ein weiterer wichtiger Wirkstoff in Fenchel ist das ätherische Öl Anethol. Anethol ist verantwortlich für den charakteristischen Geschmack und das Aroma von Fenchel und kann entzündungshemmend, antimikrobiell und krampflösend wirken. Fenchel enthält auch Flavonoide wie Quercetin und Rutin sowie andere pflanzliche Verbindungen wie Lutein und Zeaxanthin, die ebenfalls antioxidativ wirken.

Zubereitungszeit 30 Minuten
Zutaten für 2 Portionen

2 Fenchelknollen
1 Stück Ingwer, ca. ½ cm
Olivenöl oder Sonnenblumenöl
100 ml Gemüsebrühe (selbst gemacht oder aus Brühpulver)
Muskatnuss
Salz
Saft von ½ Zitrone
1 Prise Paprikapulver
Walnusskerne
Basilikumblätter
Zitronenscheiben zum Garnieren
Beilage nach Belieben, z. B. Vollkornreis, Hirse, Gerstengraupen, Bohnen oder Linsen

1. Die Fenchelknollen waschen, halbieren und in feine Streifen schneiden. Auch das Fenchelgrün mit verwenden. Ingwer schälen und in kleine Stücken schneiden.

2. Den Fenchel in etwas Öl leicht andünsten. Ein wenig Gemüsebrühe hinzufügen und den Ingwer hinzugeben.

3. Mit etwas Muskatnuss und Salz würzen. Den Zitronensaft hinzufügen und Paprikapulver beigeben. Alles etwa 15 Minuten lang dünsten.

4. Im Anschluss in einer Pfanne ohne Fett Walnüsse rösten und über das Gemüse streuen. Mit Basilikum und Zitrone garnieren. Dazu passen eine Getreidebeilage oder Hülsenfrüchte.

Rinderhackbällchen mit Aprikosenchutney

Aprikosen enthalten viele wichtige Nährstoffe, darunter Vitamin A, Vitamin C, Kalium, Eisen, Ballaststoffe und Antioxidantien. Diese Nährstoffe unterstützen deine Fruchtbarkeit und haben zahlreiche gesundheitliche Vorteile wie zum Beispiel für dein Immunsystem oder dein Mikrobiom und senken die Entzündungsneigung im Körper.

Getrocknete Aprikosen sind aufgrund ihres Wasserentzugs in der Regel noch nährstoffreicher als frische Aprikosen. Eine Portion (ca. 30 g getrocknete Aprikosen) enthält in der Regel etwa 3 g Ballaststoffe, was etwa 10 % der empfohlenen Tagesdosis entspricht, und noch mehr Kalium als Bananen. Ein weiterer wichtiger Inhaltsstoff von getrockneten Aprikosen sind Polyphenole, die als Antioxidantien wirken und dazu beitragen, Zellschäden durch freie Radikale zu verhindern. Darüber hinaus können getrocknete Aprikosen auch eine gute Quelle für Eisen sein, insbesondere wenn du dich vegetarisch oder vegan ernährst. In diesem Rezept bringt jedoch auch das Hackfleisch viel leicht verwertbares Eisen mit.

Zubereitungszeit 35 Minuten (davon 20 Minuten Backzeit)
Zutaten für 4 Portionen

1 Scheibe Vollkorntoastbrot
2 EL Milch
1 Zwiebel
1 Bund frische Petersilie
400 g Hackfleisch (Rind oder gemischt)
1 EL Senf
¼ TL Paprikapulver
Salz
1 EL Olivenöl

FÜR DAS CHUTNEY
250 g Aprikosen, frisch, TK oder getrocknet
1 Zwiebel
1 Knoblauchzehe
1 EL Weißweinessig
1 EL flüssiger Honig
½ TL Sambal Oelek

1. Das Toastbrot zerzupfen und mit der Milch mischen. Die Zwiebel schälen und fein hacken. Etwas Petersilie waschen, trocknen und fein schneiden. Alles zusammenmischen.

2. Den Ofen auf 220 °C Ober-/Unterhitze vorheizen.

3. Das Hackfleisch mit Senf, Paprikapulver und etwas Salz daruntermischen und von Hand gut kneten, bis sich die Zutaten zu einer kompakten Masse verbinden.

4. Die Masse mit nassen Händen zu ca. 20 Bällchen formen und auf einem mit Backpapier belegten Blech verteilen. Die Bällchen mit dem Olivenöl bestreichen. Anschließend ca. 20 Minuten in der Mitte des Ofens backen, dabei die Bällchen einmal wenden.

5. Für das Chutney die Aprikosen säubern und den Stein entfernen. Tiefgekühlte Aprikosen rechtzeitig auftauen und getrocknete Aprikosen mit etwas warmem Wasser weich werden lassen.

6. Die Zwiebel und den Knoblauch schälen, fein hacken, und beides mit den frischen Aprikosen, dem Essig, dem Honig, dem Sambal Oelek und Salz in einer kleinen Pfanne mischen und aufkochen.

7. Zugedeckt bei kleiner Hitze ca. 15 Minuten in der Pfanne köcheln, grob pürieren, auskühlen.

8. Die restliche Petersilie waschen, trocknen und fein schneiden. Dann im Topf daruntermischen.

Mediterranes Olivenbrot mit Tomaten und Walnüssen

Oliven enthalten eine Vielzahl von Nährstoffen, einschließlich Omega-3-Fettsäuren. Und sie sind reich an Antioxidantien, wie zum Beispiel Polyphenolen, die helfen können, Entzündungen zu reduzieren und deine Zellen vor Schäden durch freie Radikale zu schützen. Oliven enthalten auch Ballaststoffe, die zur Förderung einer gesunden Verdauung beitragen können, und darüber hinaus verschiedene Vitamine, einschließlich Vitamin E und Vitamin K und eine Vielzahl von Mineralien, einschließlich Eisen, Kalzium und Kalium.

Wenn Oliven zu Öl verarbeitet werden, solltest du einiges beachten. Schaue darauf, dass das Öl kalt gepresst ist, was bedeutet, dass es ohne Hitzeeinwirkung gewonnen wurde. Dadurch bleiben die gesunden Inhaltsstoffe des Olivenöls erhalten. Das Olivenöl sollte als »extra vergine« gekennzeichnet sein, was heißt, dass es von höchster Qualität ist und aus der ersten Pressung stammt. Suche nach Olivenölen mit Zertifizierungen wie dem EU-Bio- oder dem DOP-Siegel – beides weist auf eine hohe Qualität und eine sorgfältige Herstellung hin. Ein gutes Olivenöl hat einen frischen, fruchtigen Duft und Geschmack und brennt ganz leicht im Hals.

Zubereitungszeit 15 Minuten und 1 Stunde Backzeit
Zutaten für 4 Portionen

- 100 g getrocknete Tomaten, eingelegt
- 100 g schwarze Oliven
- 100 g Walnusskerne
- Rosmarin, frisch oder getrocknet
- Basilikumblätter
- 400 g Vollkornmehl
- ½ Päckchen Backpulver
- 2 TL Salz
- 5 Eier
- 100 ml Olivenöl
- 120 ml Milch
- 1 EL Senf
- 100 g Edamer, gerieben
- Butter zum Einfetten

1. Die getrockneten Tomaten und Oliven abschütten und in kleine Stücke schneiden.

2. Die Walnüsse ohne Fett anrösten und ebenfalls klein hacken.

3. Frischen Rosmarin vom Stängel zupfen und in kleine Brösel hacken. Das Basilikum waschen und vorsichtig trocken tupfen, dann in grobe Stücke zupfen.

4. Den Ofen auf 180 °C Umluft vorheizen.

5. Vollkornmehl, Backpulver und Salz in einer Schüssel mischen und das Basilikum und den Rosmarin dazugeben. Mit einem Löffel ein Loch in die Mitte des Mehls drücken.

6. Aus Eiern, Öl, Milch und Senf eine homogene Masse anrühren, die dann in die vorbereitete Mulde gegeben wird. Dann das Mehl von außen in die Flüssigkeit hineinarbeiten und so lange kneten, bis kein trockenes Mehl mehr zu sehen ist.

7. Am Ende die Oliven- und Tomatenstücke, die gerösteten Walnüsse und die Hälfte des Edamers unterheben.

8. Eine Kuchenform mit viel Butter einfetten und die Masse vorsichtig hineingeben. Die Kuchenform bei Bedarf mit Backpapier auslegen, dann bleibt das Brot später nicht am Boden kleben.

9. Den Rest Käse auf der Oberfläche verteilen und das Brot für ca. 1 Stunde im vorgeheizten Backofen backen.

Spinatknödel mit Parmesan

Spinat ist reich an Vitamin A, C, K und natürlicher Folsäure, dem Folat. Spinat verfügt zudem über relativ viel Eisen, Kalzium, Magnesium und Kalium. Darüber hinaus enthält er viele Antioxidantien wie Lutein und Zeaxanthin, die freie Radikale bekämpfen und deine Zellen vor Schäden schützen können. Auch Ballaststoffe, die den Darm gesund halten und dein Mikrobiom unterstützen, finden sich in Spinat reichlich. Frischer Spinat hat in der Regel einen höheren Nährstoffgehalt als tiefgekühlter Spinat. In Deutschland ist die Erntezeit für Spinat von März bis Mai sowie von September bis November. Spinat kann frisch im Salat genossen oder auch in Gerichte eingebunden werden. Als reine Beilage kennt man ihn mit Spiegelei, er kann aber auch in Quiche, Lasagne oder in Curry verarbeitet werden.

Zubereitungszeit 45 Minuten und 25 Minuten Kochzeit
Zutaten für 4 Portionen

300 g Weißbrot
250 ml Milch
200 g frischer Spinat
Salz
1 Knoblauchzehe
1 Zwiebel
30 g Butter plus 80 g zum Servieren
1 Ei
Pfeffer
Muskatnuss, gerieben
1 EL Vollkornmehl
1 EL Semmelbrösel
Parmesan, frisch gerieben
Basilikumblätter

1. Das Weißbrot klein würfeln und mit so viel Milch übergießen, wie es aufnehmen kann. Den Spinat waschen und den Stiel heraustrennen. Den vorbereiten Spinat in Salzwasser gar kochen, ausdrücken und passieren.

2. Den Knoblauch und die Zwiebel schälen und zerkleinern. In einem Topf 30 g Butter zerlassen. Knoblauch und Zwiebeln darin anschwitzen, den Spinat zugeben und 5 Minuten miteinander dünsten. Danach etwas auskühlen lassen.

3. Die Eier und den Spinat zum Brot geben und gut vermischen. Mit Salz, Pfeffer und Muskatnuss würzen. Das Vollkornmehl und die Semmelbrösel zugeben und aus der Masse kleine Knödel formen. In Salzwasser ca. 15 Minuten leicht köcheln lassen.

4. Mit Parmesan bestreuen. 80 g Butter zerlassen und dazu servieren. Dazu frischen Salat, zum Beispiel aus Spinat, reichen. Mit Basilikumblättern toppen.

Gebackener Rosenkohl mit Trauben, Walnüssen und Lachs

Kein Gemüse polarisiert so wie der Rosenkohl. Viele Menschen mögen den Geschmack nicht, da er oft als bitter oder erdig empfunden wird. Und Rosenkohl kann einen unangenehmen Geruch haben, wenn er nicht richtig zubereitet wird. Dabei ist er sehr gesund und für die Kinderwunschernährung gut geeignet. In ihm stecken reichlich Vitamin C, Kalium und Phosphor. Außerdem enthält Rosenkohl viel Vitamin B1, B2, B6, Folsäure, Eisen und darüber hinaus Antioxidantien. Die große Menge an Ballaststoffen machen ihn auch für die Darmgesundheit zu einem Superfood.

Zubereitungszeit 15 Minuten und 20 Minuten Backzeit
Zutaten für 4 Portionen

700 g Rosenkohl
200 g Lachsfilet
Kokosfett oder Avocadoöl zum Anbraten
700 g Trauben
100 g Walnusskerne
2 EL Olivenöl
2 EL Balsamicoessig
Salz und Pfeffer
frischer Thymian
frischer Rosmarin

1. Vom Rosenkohl die äußeren Blätter entfernen und die Röschen vierteln. Den Rosenkohl auf einem vorbereiteten Backblech verteilen. Den Backofen auf 225 °C Ober-/Unterhitze (Umluft 200 °C) vorheizen.

2. Das Lachsfilet in etwas Kokosfett oder Avocadoöl für 2–3 Minuten anbraten. Dann abkühlen lassen und zerteilen. Die Lachsstücke zwischen den Rosenkohl geben.

3. Die Trauben waschen, trocken tupfen und mit den Walnüssen über Rosenkohl und Lachs verteilen.

4. Alles mit Olivenöl und Balsamico beträufeln, mit Salz und Pfeffer bestreuen und sorgfältig mischen.

1. Kräuter waschen und trocken schütteln, anschließend klein hacken und über die Mischung streuen.

2. Den Rosenkohl-Lachs im vorgeheizten Backofen ca. 20 Minuten goldbraun backen.

Zitronen-Spargel-Hähnchen mit Basilikum

Spargel ist reich an vielen wichtigen Nährstoffen wie Vitamin C, Vitamin K, Folsäure und Kalium. Er enthält auch viele Antioxidantien und Ballaststoffe und ist kalorienarm. Spargel verfügt über entzündungshemmende Verbindungen wie Quercetin, Rutin und Flavonoide, die deinem Körper helfen, gesünder zu werden. Der Unterschied zwischen grünem und weißem Spargel liegt in der Art und Weise, wie sie angebaut werden. Grüner Spargel wird über der Erde angebaut und bekommt daher mehr Sonnenlicht, was ihm eine grüne Farbe und einen höheren Nährstoffgehalt gibt. Weißer Spargel wächst unter der Erde und ist deshalb blasser und hat einen milderen Geschmack. Der weiße Spargel enthält etwas weniger Nährstoffe als der grüne Spargel, aber beide Sorten sind eine sehr gute Wahl für eine optimale Kinderwunschernährung.

Zubereitungszeit 20 Minuten
Zutaten für 2 Portionen

1 Zitrone
300 g Hähnchenbrustfilet (2 Stück)
Salz und Pfeffer
Paprikapulver
2 EL Vollkornmehl
2 EL Olivenöl oder Kokosfett
500 g grüner Spargel
2 Knoblauchzehen
1 TL Senf
100 ml Gemüsebrühe, z. B. aus Bio-Brühpulver
Basilikumblätter oder andere Kräuter, z. B. Petersilie oder Kerbel

1. Zitrone heiß abwaschen, trocken tupfen und halbieren. Den Saft einer Hälfte auspressen und die Schale abreiben. Die andere Hälfte in Scheiben schneiden.

2. Die Hähnchenbrustfilets unter kaltem Wasser abspülen, trocken tupfen und waagerecht halbieren. Mit Salz, Pfeffer und Paprikapulver würzen und in Mehl wenden.

3. 1 EL Olivenöl oder Kokosfett in einer Pfanne erhitzen. Das Fleisch darin bei mittlerer Hitze von jeder Seite 4–5 Minuten braten. Währenddessen die Zitronenscheiben dazugeben. Das Hähnchenfleisch und die Zitrone herausnehmen und beiseite legen.

4. In der Zwischenzeit den Spargel waschen, trocken tupfen und die holzigen Enden abschneiden. Den Spargel in etwa 4–5 cm lange Stücke schneiden. Den Knoblauch schälen und fein hacken.

5. Das restliche Öl in derselben Pfanne erhitzen. Den Knoblauch und die Spargelstücke darin bei mittlerer Hitze 3–4 Minuten braten.

6. Zitronensaft, Zitronenabrieb, Senf und die Brühe hinzugeben, gut verrühren und einmal kurz aufkochen lassen. Die Hitze reduzieren, das Hähnchenbrustfilet und die Zitronenscheiben zurück in die Pfanne geben und kurz ziehen lassen. Mit Salz und Pfeffer abschmecken.

7. Die Basilikumblätter waschen, trocknen und grob hacken. Vor dem Servieren über das Zitronen-Spargel-Hähnchen streuen.

Kakao-Avocado-Mousse

Reines Kakaopulver oder mit mindestens 85 % Kakao in Bioqualität hat viele gesundheitliche Vorteile, da es reich an Antioxidantien, Flavonoiden und anderen nützlichen Verbindungen ist. Flavonoide im Kakao können dazu beitragen, den Blutdruck zu senken und den Cholesterinspiegel zu regulieren. Kakaopulver kann dazu beitragen, die Durchblutung zu verbessern, und hat entzündungshemmende Wirkung durch die Polyphenole, die in Kakao enthalten sind. Kakaopulver enthält auch Verbindungen wie Theobromin und Phenylethylamin, die dazu beitragen können, die Stimmung zu verbessern und das Glücksgefühl zu fördern. Dabei wird wahrscheinlich das Mikrobiom beeinflusst, das dafür sorgt, dass mehr Glückshormone ausgeschüttet werden. Kakaopulver enthält auch Ballaststoffe, die dazu beitragen, die Verdauung zu verbessern und das Mikrobiom zu unterstützen.

Zubereitungszeit 15 Minuten
Zutaten für 4 Portionen

1 reife Banane
2 Avocados
150 g weiche Datteln
130 g Haferdrink
45 g Bio-Kakaopulver
Salz
1 EL gehackte Mandeln

1. Die Banane schälen und in Stücke schneiden. Den Kern der Avocado entfernen und das Fruchtfleisch in einen Mixer geben.

2. Die Datteln bei Bedarf mit kochendem Wasser übergießen und einige Minuten einweichen, um sie etwas weicher zu machen.

3. Alle Zutaten zusammen in einen Mixer geben und glatt rühren. Da die Masse eventuell ziemlich dick wird, mit einem Spatel herunterdrücken und in mehreren kurzen Intervallen mixen.

4. Die Kakao-Mousse auf Schälchen verteilen und einige gehackte Mandeln darüberstreuen.

5. Bis zum Verzehr im Kühlschrank aufbewahren.

BESONDERE ERNÄHRUNGSKONZEPTE

Endometriose, PCOS, Progesteronmangel oder andere Zyklusstörungen

Es gibt viele verschiedene Zyklusstörungen oder Erkrankungen, welche die Fruchtbarkeit beeinträchtigen können. Ein zu kurzer Zyklus unter 24 Tagen kann zeigen, dass dein Eisprung zu früh stattfindet oder gar nicht, dass du niedrige Östrogen- oder Progesteronspiegel hast, dass du unter Stress leidest, dass du Schilddrüsenprobleme hast oder Vitalstoffmängel, die dir nicht bekannt sind. Sehr viel oder sehr wenig Blut zeugen von hormonellen Veränderungen, genauso wie schmerzhafte Regelblutungen nicht normal sind. Es ist möglich, dass du eine Endometriose hast, bei der sich Gebärmuttergewebe im Bauchraum ansiedelt und bei der du unter anderem häufig vermehrt auf Östrogen reagierst oder Progesteron nicht am Rezeptor wirkt und du schmerzhafte Regelblutungen durchmachst.

Ein zu langer Zyklus über 35 Tage kann auftreten, wenn dein Eisprung nicht oder zu spät stattfindet. Es könnte auch eine sogenannte Eierstockzyste sein, welche die Blutung herauszögert. Oder du könntest ein PCO-Syndrom haben, bei dem zu viele männliche Hormone produziert werden, wie Testosteron und DHEA, die die Eireifung und den Eisprung hemmen. Du könntest auch einen zu hohen Prolaktinwert haben, für den es verschiedene Ursachen gibt.

Auch Schilddrüsenerkrankungen oder Medikamente können zu Störungen der Fruchtbarkeit führen. Einige der genannten Einflüsse können sowohl für zu lange als auch für zu kurze Zyklen oder für andere Störungen in deiner Fruchtbarkeit bei Frauen und Männern ursächlich sein.

Aufgrund von Lebensstil oder Ernährung und durch den Einfluss von Umweltgiften aus der Nahrung und deinem Haushalt kannst du selbst Einfluss auf dein hormonelles Gleichgewicht nehmen. Dafür ist es zunächst einmal wichtig, dass du deinen Zyklus beobachtest und dir bewusst darüber wirst, ob dein Lebensstil deinen Körper unterstützt oder stresst. Achte bei allem besonders auf die Darmgesundheit, denn deine Mitbewohner, dein Mikrobiom, beeinflusst deine körperliche und psychische Gesundheit. Einige bekannte Erkrankungen, wie das PCO-Syndrom, können in den meisten Fällen durch eine Ernährungsumstellung enorm verbessert werden. In diesem Fall ist es wichtig, möglichst auf Kohlenhydrate zu verzichten und sich ketogen zu ernähren, besonders am Abend. Beim Post-Pill-Syndrom, bei dem sich nach dem Absetzen der Anti-Baby-Pille kein Zyklus oder eine Art von Zyklusstörung entwickelt, ist es wichtig, die eigene Mikronährstoffversorgung zu erhöhen. Bei der Endometriose spielen wiederum Umweltgifte und das Mikrobiom eine große Rolle. Der Schwerpunkt sollte dann auf der Elimination von Giften aus der Umwelt und der Nahrung, dem Entgiften, Stressmanagement und der Darmgesundheit liegen.

Wenn du verschiedene Krankheiten hast, dann nenne ich dir einmal die sogenannten großen drei: Gluten-Eiweiß, Einfach-Zucker und Kuhmilch, die im Verdacht stehen, die meisten Krankheiten zu begünstigen. In all den genannten Fällen kannst du mithilfe der Rezepte aus diesem Buch bereits sehr viel Gutes für dich tun. Überlege ebenfalls, dir kompetente Unterstützung auch außerhalb der klassischen Schulmedizin zu holen und zu einer Praxis für ganzheitliche Medizin oder zu einer qualifizierten Ernährungsberatung zu gehen und individuell Hilfe zu suchen.

Was tun für eine bessere Eizellqualität und um die Einnistung zu fördern

Bei Frauen sind die Eizellen von Geburt an im Körper angelegt. Anders als bei Männern, die ihre Spermien regelmäßig neu produzieren, altern unsere Eizellen mit uns. Sie kommen, genau wie unser gesamter Körper, über die Jahre mit vielen Einflüssen durch Umwelt, Krankheiten und Stress in Berührung und können dabei Schaden nehmen. Wie kann ich meine Eizellqualität verbessern? Das ist eine der häufigsten Fragen, die mir in meiner Arbeit begegnet. Zu Beginn meiner Tätigkeit überraschte mich das, denn sich nur auf die Eizellen zu fokussieren kam mir als Ärztin für ganzheitliche Medizin gar nicht in den Sinn. Ich würde immer den gesamten Menschen behandeln wollen und nicht nur die Eizellen. Nachdem du dieses Buch jetzt durchgelesen hast, verstehst du wahrscheinlich selbst, wie du deine Eizellqualität verbesserst: indem du dich vielseitig und mikronährstoff-, ballaststoff- und eiweißreich und in sehr guter Qualität ernährst. Du solltest deinen Stresslevel bewerten und, sofern erforderlich, für Ausgleich sorgen. Du solltest Umweltgifte meiden und versuchen, deinen Lebensstil, deine Grundfitness und deine Gesundheit zu verbessern. Und nicht nur du. Auch dein Partner sollte sich beteiligen, denn die Qualität der Spermien kann in vielen Fällen enorm verbessert werden, denn auch die Gene in den Spermien leiden unter Umweltgiften und Mikronährstoffmangel und erleiden Schäden, die auf den ersten Blick nicht sichtbar sind.

Für die Einnistung bedarf es nicht nur einer guten Qualität der befruchteten Eizelle, sondern auch einer im Laufe des Zyklus gut aufgebauten Gebärmutterschleimhaut und eines adäquat reagierenden Immunsystems. Es darf nicht überreagieren, denn normalerweise wehrt dein Körper fremde Proteine wie die deines Partners ab. Im Falle einer befruchteten Eizelle, die nur zur Hälfte aus deinen Genen und zur anderen Hälfte aus den Genen deines Partners besteht, muss dein Immunsystem eine Ausnahme zulassen. Leider ist das Immunsystem oft fehlreguliert und reagiert zu stark, ähnlich wie bei Autoimmunerkrankungen oder Allergien. In deiner Gebärmutterschleimhaut gibt es ganz bestimmte Zellen, die sogenannten Ammenzellen, die deiner befruchteten Eizelle das Einnisten ausnahmsweise ermöglichen. Diese müssen normal reagieren, damit die Einnistung gelingt. Und auch KIR-Gene sind wichtige Rezeptoren in der Gebärmutterschleimhaut, die für die Einnistung vorhanden sein müssen. Beides, die Ammenzellen - das sind Plasmazellen in der Gebärmutterschleimhaut - und die KIR-Gene kannst du untersuchen lassen. Dein wundervolles Ökosystem kann leicht aus der Balance geraten. Viele dieser Prozesse lassen sich durch einen möglichst gesunden und entspannten Lebensstil positiv beeinflussen.

Ernährung während einer Kinderwunschbehandlung

In der Vorbereitung auf eine Kinderwunschbehandlung ist eine nähr- und ballaststoffreiche sowie bakterienreiche Ernährung wichtig, um alle Vitalstoffspeicher für eine gesunde Schwangerschaft aufzufüllen. Während einer Kinderwunschbehandlung, beispielsweise einer In-vitro-Fertilisation, IVF, oder einer Intracytoplasmatischen Spermieninjektion, ICSI, bekommen die meisten Frauen in der ersten Zyklushälfte Hormonpräparate, die das Heranreifen und Wachstum der Eizellen in den Eierstöcken verstärken sollen. Auf diese Weise wachsen mehrere Eizellen gleichzeitig heran und können befruchtet werden. Während einer IVF- oder ICSI-Behandlung mit hormoneller Stimulation solltest du darauf achten, besonders viele Eiweiße zu essen. Die eiweißreiche Ernährung dient vor allem deinem gesundheitlichen Schutz, nicht etwa, um die Eizellqualität oder Einnistung zu verbessern. Durch die hormonelle Behandlung könnte es in seltenen Fällen zu einer bekannten Nebenwirkung, dem sogenannten Überstimulationssyndrom kommen, dem Ovariellen Hyperstimulationssyndrom, OHSS. Je nach Schwere dieser Nebenwirkung kommt es zur Verschiebung von Körperflüssigkeiten, die den Körper gefährlich aus dem Gleichgewicht bringen können. Mit der passenden eiweißreichen Ernährung kannst du dieser Komplikation sowohl vorbeugen als auch entgegenwirken.

Das Ovarielle Hyperstimulationssyndrom kann besonders bei Frauen mit PCOS, noch jungen oder untergewichtigen Frauen und bei Frauen mit einem hohen Östradiolspiegel auftreten. Die Symptome des OHSS sind vermehrte bis starke Unterleibsschmerzen, Übelkeit, Völlegefühl, gegebenenfalls Atemnot und starke Gewichtszunahme von mehr als einem Kilogramm pro Tag. Im Falle von OHSS solltest du deine Ärztin beziehungsweise deinen Arzt informieren, dich schonen und deinen Unterbauch kühlen, um die Durchblutung zu verringern. Zusätzlich können Eiweißpulver als Shakes hilfreich sein. Mithilfe von Reis werden überschüssige Flüssigkeiten aus dem Körper gebunden und wieder ausgeschieden. Trinke für die allgemeine Durchblutung und Entgiftung mindestens 3 bis 4 Liter Wasser am Tag. Mit den Akupressurpunkten Milz 6 und Niere 3 kannst du deinen Körper durch Fingerdruckmassage auf speziellen Körperpunkten zusätzlich bei der Ausscheidung der Flüssigkeit unterstützen. Massiere die Punkte bis zu drei Mal pro Tag. Den Link zu einem Akupressurkonzept findest du auf Seite 175.

Fasten, Diäten und Nahrungsergänzungsmittel bei Kinderwunsch

Der Markt an Nahrungsergänzungsmitteln boomt und uns wird suggeriert, dass wir alles im Griff haben, wenn wir einfach bestimmte Supplemente in Form von Tabletten, Pulvern oder Kapseln zu uns nehmen und wir uns den unbequemen Weg der Lebens- und Ernährungsstilveränderung sparen können. Jedoch ist unser Körper sehr viel komplexer als uns diese Industrie oft weismachen möchte.

Ich rate dazu, mithilfe einer Vitalstoffanalyse durch einen Arzt oder eine Ärztin für ganzheitliche Medizin deinen Ausgangspunkt bestimmen zu lassen, um dann zu entscheiden, ob und welche Nahrungsergänzungsmittel du vielleicht für eine Weile zu dir nehmen möchtest. Da der freie Markt voller Angebote steckt, brauchst du auch bei den Nahrungsergänzungsmitteln oft eine vertrauenswürdige Beratung. Nahrungsergänzungsmittel können dir helfen, deinen Körper in den verschiedenen Zyklusphasen noch besser mit Nährstoffen zu versorgen und dadurch Zyklusbeschwerden oder Fruchtbarkeitsstörungen zu bessern. Einige Vitalstoffe sind häufig im Mangel, darum gehört unter anderem auch eine ausreichende Versorgung mit Folsäure dazu, am besten in Form von Folat, der natürlichen Form von Folsäure. Du solltest gewährleisten, dass du schon in der Kinderwunschzeit davon ausreichend zu dir nimmst, denn es gibt einen nachgewiesenen Zusammenhang zwischen dem Auftreten bestimmter neurologischer Schäden beim Baby und bei Frauen mit verminderter Folsäureversorgung. Nutze ein Präparat mit mindestens 400 mg Folat pro Tag. Auch die Vitamin-D-Versorgung ist in der Regel und vor allem in den lichtarmen Wintermonaten nicht ausreichend und schwächt nicht nur die Fruchtbarkeit. Das zeigt sich auch in verminderten Schwangerschaftsraten in den lichtarmen Jahreszeiten. Ich empfehle dir, lass deinen Vitamin-D-Spiegel, 25-OH-Cholecalciferol, messen und fülle ihn bei Bedarf mit einem geeigneten Präparat auf. Diese Empfehlungen gelten für Frauen und für Männer.

In der Kinderwunschernährung ist nicht nur der eine Weg der richtige, um durch Ernährung den Zyklus ins Gleichgewicht zu bringen oder deine Fruchtbarkeit optimal zu unterstützen. Es gibt jedoch einige Grundlagen wie beispielsweise den Blutzuckerspiegel im Gleichgewicht zu halten oder bestimmte Lebensmittel mit wertvollen Vitalstoffen zu essen, Lebensmittel frisch zuzubereiten und darmgesund zu essen, die wohl in jeder Ernährungsberatung vorkommen. Insgesamt kann dir jedoch niemand genau sagen, was bei dir am allerbesten funktioniert, denn das findest du erst mit der Zeit selbst heraus. Achte daher, egal was du probierst, immer darauf, was dir guttut und was bei dir wirklich funktioniert. Es gibt so viele verschiedene Diäten wie Auslass-Diäten, zuckerfreie, kohlenhydratlose, ketogene, glutenfreie oder kuhmilchfreie Diäten und so weiter. Das unterstreicht, dass es einfach nicht die eine Antwort gibt. Dazu kommt, dass eine Diät durchzuhalten, oft schwierig ist und auch dazu führt, dass dein Leben noch stressiger wird. Was meiner Meinung nach bei einer Ernährungsumstellung am besten funktioniert, ist, wenn du deine Gewohnheiten durch kleine Veränderungen langsam umstellst, ohne dass es dir wie ein Verzicht vorkommt, sondern eher wir ein Gewinn für dich ist. Konzentriere dich am Ende nur darauf, was dir wirklich guttut und vor allem: Genieße dein Essen.

TABELLEN ÜBER NÄHRSTOFFBEDARF UND PASSENDE LEBENSMITTEL

Vitamine bei Kinderwunsch:

Vitamin	besonders enthalten in
Vitamin A*: Retinol oder seine Vorstufe Beta-Carotin empfohlene tägliche Aufnahmemenge: Frauen 0,8 mg, Männer 1,0 mg	Äpfel, Aprikosen, Brokkoli, Butter, Eier, Feldsalat, Grünkohl, Kopfsalat, Kürbis, Mangos, Möhren, Paprikaschoten, Spinat, Tomaten
Vitamin B1: Thiamin empfohlene tägliche Aufnahmemenge: Frauen 1,0 mg, Männer 1,2 mg	Hülsenfrüchte, Vollkornprodukte
Vitamin B2: Riboflavin empfohlene tägliche Aufnahmemenge: Frauen 1,2 mg, Männer 1,4 mg	Fisch, Fleisch, Kuhmilchprodukte, Vollkornprodukte
Vitamin B6: Pyridoxin empfohlene tägliche Aufnahmemenge: Frauen 1,2 mg, Männer 1,5 mg	Algen, Avocados, Bananen, Brokkoli, Erdnüsse, Feldsalat, Hafer, Hülsenfrüchte, Hähnchenfleisch, Kartoffeln, Lachs, Makrele, Pilze, Rosenkohl, Sardinen, Sojabohnen, Sonnenblumenkerne, Spinat, Vollkornprodukte, Walnüsse
Vitamin B9: Folat Information: Folat ist die natürliche und aktivierte Form der Folsäure. empfohlene tägliche Aufnahmemenge: Frauen 400 µg, Männer 400 µg	Bananen, Brokkoli, Eier, Erbsen, Erdbeeren, Fenchel, Gurken, Grapefruit, grüne Bohnen, grünes Blattgemüse, Kartoffeln, Kohl, Lachs, Nüsse, Orangen, Spargel, Tomaten, Vollkornprodukte, Weizenkeime

Vitamin	besonders enthalten in
Vitamin B12: Cobalamin empfohlene tägliche Aufnahmemenge: Frauen 3 µm, Männer 3 µg	Algen, Eier, fermentierte Lebensmittel wie Sauerkraut, Fisch (besonders Hering, Lachs, Sardine Seelachs), Fleisch, Leber, Milchprodukte wie Käse (besonders Brie, Camembert, Edamer, Emmentaler)
Vitamin C: Ascorbinsäure empfohlene tägliche Aufnahmemenge: Frauen 100 mg, Männer 115 mg	Acerolakirschen, Äpfel, Blaubeeren, Blumenkohl, Brokkoli, Erdbeeren, grünes Blattgemüse (Grünkohl, Mangold, Spinat), Hagebutten, Kartoffeln, Kiwis, Kohlrabi, Kresse, Mangos, Petersilie, Rettich, rote Paprikaschoten, Rotkohl, Rosenkohl, Sanddorn, schwarze Johannisbeeren, Senf, Zitrusfrüchte wie Orangen und Zitronen
Vitamin D*: Cholecalciferol empfohlene tägliche Aufnahmemenge: Frauen 4 µg, Männer 4 µg Information: Wir benötigen Sonnenlicht zur Herstellung. Daher werden im Winter oder bei niedrigem Spiegel 75 µg empfohlen, das entspricht 3 000 Internationalen Einheiten, IE, oder mehr.	Butter, Eier, fetter Fisch (Hering, Lachs, Makrele, Sardine), Innereien, Käse (Camembert, Emmentaler, Gouda), Pilze (Champignons, Pfifferlinge, Steinpilze)
Vitamin E*: Tocopherol empfohlene tägliche Aufnahmemenge: Frauen 12 mg, Männer 14 mg	Äpfel, Avocados, Brokkoli, Erdnüsse, fetter Fisch (Hering, Lachs, Makrele, Sardine), grüner Salat, grünes Blattgemüse (Grünkohl, Mangold, Spinat), kalt gepresste unraffinierte Öle, Leinsamen, Nüsse, Sesamsamen, Sojabohnen, Vollkornprodukte, Weizenkleie

*Die Vitamine A, D, E und K sind fettlöslich und benötigen zur Aufnahme Fett oder Öl.

Mineralien und Spurenelemente bei Kinderwunsch:

Mineral oder Spurenelement	besonders enthalten in
Magnesium empfohlene tägliche Aufnahmemenge: Frauen 300 mg, Männer 350 mg	Avocados, Aprikosen, Bananen, grüner Salat, grünes Blattgemüse (Grünkohl, Mangold, Spinat), Hafer, Hülsenfrüchte (Bohnen, Erbsen), Nüsse, Senf, Sesamsamen, Sonnenblumenkerne
Kalzium empfohlene tägliche Aufnahmemenge: Frauen 1.000 mg, Männer 1.000 mg	fermentierte Milchprodukte (Buttermilch, Joghurt, Kefir, Quark), grünes Blattgemüse (Grünkohl, Mangold, Spinat), Lachs, Nüsse, Mandeln, Orangen, Pflaumen, Sardinen, Sesamsamen, Vollkornprodukte, Wassermelonen
Kalium empfohlene tägliche Aufnahmemenge: Frauen 4.000 mg, Männer 4.000 mg	Bananen, Hülsenfrüchte, Kartoffeln, Kohlrabi, Kohlsorten, Kürbis, Löwenzahn, Mais, Nüsse, Sellerie, Senf, rote Paprikaschoten, Vollkornprodukte
Eisen empfohlene tägliche Aufnahmemenge: Frauen 15 mg, Männer 15 mg	Eier, Gemüse, Hafer, Hülsenfrüchte (Bohnen, Erbsen, Linsen), Kürbiskerne, Leinsamen, Pistazien, Quinoa, Rote Beten, rotes Fleisch, Senf, Sesamsamen, Trockenfrüchte (Äpfel, Aprikosen, Pflaumen, Rosinen), Vollkornprodukte
Selen empfohlene tägliche Aufnahmemenge: Frauen 60 µg, Männer 70 µg	Blumenkohl, Brokkoli, Fisch (Hering, Makrele, Scholle), Kartoffeln, Knoblauch, Möhren, Nüsse (Paranüsse, Pistazien), Kokosnüsse, rotes Fleisch, Vollkornprodukte

Mineral oder Spurenelement	besonders enthalten in
Zink empfohlene tägliche Aufnahmemenge: Frauen 8 mg, Männer 14 mg	Algen, Aprikosen, Fisch, Geflügel, Hafer, Hartkäse, Hülsenfrüchte (Bohnen, Erbsen, Linsen), Innereien, Käse (Emmentaler, Gouda, Tilsiter), Meeresfrüchte, Nüsse (Pekannüsse, Walnüsse), Rote Beten, rotes Fleisch, Samen, Sonnenblumenkerne, Vollkornprodukte, Wassermelonen, Zwiebeln
Jod empfohlene tägliche Aufnahmemenge: Frauen 200 µg, Männer 200 µg	Algen, Kuhmilchprodukte (Joghurt, Sahne, Butter, Quark), Meeresfrüchte, Seefische, Vollkornprodukte
Mangan empfohlene tägliche Aufnahmemenge: Frauen 2–5 mg, Männer 2–5 mg	Äpfel, Ananas, Bananen, Erdbeeren, grünes Blattgemüse (Grünkohl, Mangold, Spinat), Hülsenfrüchte (Bohnen, Erbsen, Linsen), Kirschen Kopfsalat, Lauch, Vollkornprodukte
Kupfer empfohlene tägliche Aufnahmemenge: Frauen 1–2,5 mg, Männer 1–2,5 mg	Aprikosen, Bananen, Brombeeren, Champignons, Fisch (und Meeresfrüchte, Forelle, Krabben, Matjes), Gemüse, grüne Salate, Hülsenfrüchte (Bohnen, Erbsen, Linsen), Innereien, Kakao, Nüsse, Preiselbeeren, Samen, Stachelbeeren, Vollkornprodukte
Natrium, Chlorid, Phosphor	Sie kommen in fast allen Lebensmitteln vor und werden mit jeder Ernährung ausreichend aufgenommen.

Wichtige Fettsäuren bei Kinderwunsch:

wichtige Fettsäuren	besonders enthalten in
Omega-3-Fettsäuren empfohlene tägliche Aufnahmemenge: Frauen 600–800 mg (DHA und EPA), Männer 600–800 mg (DHA und EPA) Information: Das entspricht 200–350 g Fisch pro Woche.	Algen, Fisch aus Meeresfang oder mit Algen gefüttert: Hering, Lachsforelle, Makrele, Ölsardine, Saibling, Sprotten
Omega-3-Fettsäuren (ALA) aus Pflanzen empfohlene tägliche Aufnahmemenge; Frauen 1.000 mg, Männer 1.000 mg Information: Das entspricht 1 TL Hanföl.	Chiasamen, Leinsamen, Avocado-, Hanf-, Oliven- und Walnussöl

ÜBER DIE AUTORIN

Dr. Dunja Petersen ist Ärztin mit über 30 Jahren Erfahrung in der ganzheitlichen und integrativen Medizin. Heute berät sie Frauen und Paare aus aller Welt auf ihrem Kinderwunschweg - mittlerweile ganz modern per Video-Sprechstunde. Frau Dr. Petersen vereint in ihrer Arbeit das Beste aus beiden Welten - der Naturheilkunde und der klassischen Schulmedizin - zum Wohle ihrer Patient*innen.

Bonus: Hol dir ergänzend das zyklusphasengerechte Akupressurkonzept: Wie du mit nur vier Druckpunkten am Körper deinen Zyklus unterstützt. Du bekommst es kostenfrei auf meiner Webseite www.Natürlich-zum-Wunschkind.de im Menüpunkt Soforthilfe-für-dich.
Der direkte Link zum Konzept:
https://www.natuerlich-zum-wunschkind.de/anmeldung-fuer-zyklusgerechte-akupressur/

Bibliografische Information der Deutschen Nationalbibliothek
Die Deutsche Nationalbibliothek verzeichnet diese Publikation in der Deutschen Nationalbibliografie. Detaillierte bibliografische Daten sind im Internet über https://dnb.de abrufbar.

Für Fragen und Anregungen
info@rivaverlag.de

Wichtige Hinweise
Dieses Buch ist für Lernzwecke gedacht. Es stellt keinen Ersatz für eine individuelle medizinische Beratung dar und sollte auch nicht als solcher benutzt werden. Wenn Sie medizinischen Rat einholen wollen, konsultieren Sie bitte eine qualifizierte Ärztin*einen qualifizierten Arzt. Der Verlag und die Autorin haften für keine nachteiligen Auswirkungen, die in einem direkten oder indirekten Zusammenhang mit den Informationen stehen, die in diesem Buch enthalten sind.

Originalausgabe
1. Auflage 2023

Türkenstraße 89
80799 München
Tel.: 089 651285-0
Fax: 089 652096

Redaktion: Ulrike Reinen
Umschlaggestaltung: Sonja Vallant
Umschlagabbildungen: Shutterstock.com/doasan-graphic, Shutterstock.com/Krushevskaya
Foodfotografie: Stephanie Just
Autorenfoto S. 175: thelightart.de
Illustrationen: S. 11: Karina Braun, S. 23: Shutterstock.com/Ptaha I und Designua, S. 24: Shutterstock.com/naulicrea, S. 29: Shutterstock.com/Eva Ziskova, S. 29: Mondbild Shutterstock.com/Sandra_M
Satz: Bernadett Linseisen (schere.style.papier), München
Druck: Firmengruppe APPL, aprinta Druck, Wemding
Printed in Germany

ISBN Print 978-3-7423-2418-4
ISBN E-Book (PDF) 978-3-7453-2177-7
ISBN E-Book (EPUB, Mobi) 978-3-7453-2178-4